0~1세 자녀 이해하기

0~1세 자녀 이해하기

UNDERSTANDING

소피 보즈웰 지음 | 김정섭, 김지영 옮김

Σ 시그마프레스

0~1세 자녀 이해하기

발행일 | 2012년 5월 30일 1쇄 발행
저자 | 소피 보즈웰
역자 | 김정섭, 김지영
발행인 | 강학경
발행처 | (주)시그마프레스
편집 | 이상화
교정 · 교열 | 안진숙

등록번호 | 제10-2642호
주소 | 서울시 영등포구 양평로 22길 21 선유도코오롱디지털타워 A401~403호
전자우편 | sigma@spress.co.kr
홈페이지 | http://www.sigmapress.co.kr
전화 | (02)323-4845, (02)2062-5184~8
팩스 | (02)323-4197
ISBN | 978-89-5832-806-3

Understanding Your Baby

＊ 책값은 책 뒤표지에 있습니다.

■ 차례

서론 11

1 **임신, 출산, 애착** 13

임신 15 | 자궁 속의 삶 17 | 분만 18 | 탄생의 순간 20 | 편안함 제공 22 | 유대감 23 | 회복 25 | 인생에 대한 아이의 첫 반응 26 | 처음 며칠 : 초보자 되기 27 | 첫 수유 28 | 모유 또는 분유? 29 | 우리 아이 이해하기 32 | 도움이 되는 충고와 심판받는 느낌 33

2 **첫 6주** 35

최고와 최악 36 | 혼란 대 규칙적인 일상 38 | 아이의 고통에 반응하기 42 | 엄마와 아이가 함께 공황 상태에 빠지다 44 | 부모의 기분이 아이에게 어떤 영향을 주는가 47 | 아이의 기분이 부모에게 어떤 영향을 주는가 48 | 의존성 다루기 50 | 좌절 다루기 54 | 사랑 55 | 산후 우울증과 아이에 대한 부정적 생각 57 | 출생 후 6주에 발생하는 중대한 일 60

3 **3~6개월** 63

새로운 기술과 새로운 느낌 64 | 수유 : 모유와 분유 65 | 다른 성격 66 | 모유를 거부하는 아이 68 | 이유식 시작하기 71 | 더 오랫동안 떨어져 있기 74 | 잠자기 75 | 통제된 울음 78 | 발달하는 아이 84

4 **6~12개월** 87

더 통합되는 아이 89 | 자신을 새로운 시각으로 보기 89 | 엄마를 새로운 시각으로 보기 90 | 치아 나기 92 | 외로움 93 | 놀이의 중요성 94 | 외부세계로 나가기, 반응을 일으키기 95 | 웃음과 농담 98 | 승리와 패배 99 | 부모의 반응 102 | 아이의 풍부한 재주 105 | 부모의 기대와 또래 집단 107

5 **분리 다루기** 109

복직과 이유 110 | 복직 111 | "잘 있어."라고 말할 때의 어려움 112 | 거부 당하고 있다고 느끼는 엄마 114 | 죄책감의 영향 118 | 보육에 대한 불안 119 | 아이가 엄마를 그리워하도록 허락하기 121 | 이유 123 | 계속 진행하여 얻은 혜택 125

결론 129

참고 도서 131
찾아보기 132

결혼 적령기에 있는 한국의 젊은 사람들이 직장 및 기타 요인으로 인해 결혼을 늦추고, 자녀 출산을 꺼리고(세계 최저 출산율), 독특한 직장 문화로 인해 자녀 출산 후에도 맞벌이 문제로 인해 조부모에게 자녀양육을 맡기는 현상이 점점 증가하고 있다. 물론 할아버지, 할머니께서 아이들을 사랑으로 잘 키우시겠지만, 부모가 자녀에 대해 알 수 있는 기회가 줄어든다는 데 문제가 있다. 부모가 자녀를 이해하지 못하면, 부모-자녀 사이에 의사소통이 점점 줄어들게 되고, 심지어 육아 및 자녀교육에서 다양한 문제가 발생하게 된다.

이런 악순환을 막기 위해서는 부모가 아동의 발달, 아동의 특성과 개인차, 자녀와의 의사소통 방법 등에 대해 잘 알고 있어야 한다. 즉, 부모와 예비 부모들이 임신부터 10세까지 아동이 어떻게 발달하고 아동은 각자 어떠한 고유한 특성을 가지고 자녀와 원활하게 의사소통하기 위해서는 어떻게 해야 하는지를 알아야 할 것이다.

이 책은 『자녀 이해하기』 시리즈 중 소피 보즈웰Sophie Boswell이 쓴 1권이다. 지금 아이를 키우고 있는 부모뿐만 아니라 예비 부모인 대학생들이 임신부터 출산까지 태아가 어떻게 발달하고, 건강한 아이를 낳기 원한다면 어떻게 해야 하는지, 어떤 요인이 태아에게 문제를 야기하는지, 출산할 때 준비해야 하는 일 등에 대해 충분히 이해하도록 도와주는 것이 이 책을 번역한 이유이다. 남의 말을 우리말로 옮기는 쉽지 않은 과정에서 혹시 매끄럽지 못한 문장이나 번역상의 잘못이 발견된다면 부족한 실력 탓이라고 미리 너그러운 이해를 구한다. 이 책을 읽은 분들 모두 좋은 부모가 되어 그 자녀들이 행복해지기를 기원한다.

끝으로 이 책이 번역되고 출판되는 과정에서 많은 도움을 주신 강학경 사장님, 이호진 이사님, 안진숙 편집위원님께 감사를 드린다.

2012년 5월

김정섭, 김지영

타비스톡Tavistock 클리닉은 훈련, 임상적 정신건강 관리, 연구와 학문적 활동 등에서 뛰어난 센터로 세계적인 명성을 지니고 있다. 1920년에 설립된 이 클리닉의 역사는 기념비적인 의미를 지니고 있다. 이 클리닉이 설립될 당시에는 정신건강 문제에 대한 사회적 예방과 치료 방법에 대한 연구의 기초로 활용될 수 있는 치료법을 제공하고, 이 새로운 치료 기법들을 다른 분야의 전문가들에게 전수하는 것을 목적으로 하였다. 이후 이 클리닉의 관심사는 외상trauma의 치료, 집단 속에서 이루어지는 의식적·무의식적 과정의 이해, 그리고 발달심리학 분야에서 중요하면서도 영향력 있는 활동 등에 집중되었다. 의료 전문가들은 분만 전후(임신 20주 이후 분만 28일 사이)에 태아胎兒나 영아嬰兒와 사별하는 사례에 대한 연구를 통해 사산死産경험을 보다 정확하게 이해하게 되고, 그에 따른 고통을 경험하는 부모와 가족들을 지원해주는 새로운 기법이 개발되어야 한다는 필요성도 인식하게 되었다. 1950년대와 1960년대에 걸쳐 자녀와 부모 사이의 상호작용을 강조하는 체계적인 심리요법 모델이 개발되면서 가족 요법에 대한 타비스톡의 훈련과 연구 활동에 사용된 이론적 지식과 치료 기법들도 상당히 많이 축적되어왔다.

『자녀 이해하기Understanding Your Child』 시리즈는 타비스톡 클리닉의 변천 과정에서 중요한 위치를 차지한다. 이 시리즈는 1960년대, 1990년대, 그리고 2004년의 3번에 걸쳐 완전히 새로운 내용으로 바꿰었다. 임상 경험과 전문가로서의 훈련 경험을 쌓은 저자들은 이 시리즈가 바뀔 때마다 관찰하고 경험했던 '일상적인 발달'에 대한 구체적인 사례들을 시리즈의 내용에 반영해왔다. 물론 사회 자체가 변하기 때문에 이 시리즈의 내용도 변하는 것이 당연하지만, 이 시리즈에서는 발달 중에 있는 아동이 부모, 돌봐주는 사람들, 그리고 더 넓은 세계와 상호작용하는 방식을 그 당시의 언어로 알기 쉽게 설명하려고 노력하고 있다. 그러나 주변 상황이 계속 변하고 있는 와중에도 변하지 않는 것이 있다. 즉, 각 발달 단계에서 경험되는 강렬한 감정과 정서가 중요하다는 발달관은 변함없이 열정적으로 유지되고 있다.

이 책에서 소피 보즈웰Sophie Boswell은 관계가 어떻게 시작되고 그 관계가 점점 어떤 방향으로 깊이 있게 진행되는지를 먼저 설명한다. 관계 속에서의 분노와 일상에서 흔히 등장하는 극도의 좌절감까지 과감하게 다룬다. 책 속에 엮어 넣은 실례들은 이 책을 읽는 사람들과 비슷한 분노와 좌절을 경험할 사람들, 또한 그것을 참아야 했던 사람들에게 반향을 일으킬 것이다.

조나단 브래들리Jonathan Bradley

아동심리치료사

『자녀 이해하기Understanding Your Child』의 책임 편집자

서론

이 책은 아이가 태어나서 첫돌이 되는 날까지 겪는 정서적 세계를 다룬다. 이 책은 이렇게 저렇게 하라는 식의 조언을 주는 것이 목적이 아니다. 부모와 아이 사이에서 발생하는 실제 상황을 예로 들면서 아이가 어떻게 느끼고 행동하는지를 달리 생각하도록 도와주고자 한다.

영아를 알고자 한다면 영아만 보아서는 안 된다는 것이 이 책의 핵심이다. 영아는 태어나자마자 자신을 돌봐주는 사람과의 얽히고설킨 복잡한 관계 속으로 들어간다. 주변에 있는 어른과 의사소통하고 어른이 어떤 반응을 하도록 유도하기 위해 영아가 표현하는 강렬한 감정을 관찰함으로써 우리는 영아의 마음속에서 무엇이 일어나고 있는지에 대해 더 풍부하고 고차원적인 이해를 얻을 수 있다. 영아는 태어날 때 이미 자신만의 감정과 독특한 성격을 가지고 있으며, 그에 따른 강렬한 정서적 삶을 가진다. 또한 부모나 보모의 감정과 성격에 영향을 주기도 하고, 영향을 받기도 한다. 그런데 부모나 보모들은 이것을 알고 있을 수도 있지만 모르고 있을 수도 있다. 그리고 부모가 가지고 있는 배경, 태도, 사고방식, 무의식적 감정 등은 영아가 삶을 배워가는 방법 그리고 세상과 관계 맺는 방법에 큰 영향을 준다.

부모와 자녀의 관계는 다른 사람들 사이의 관계와 마찬가지로 질적으로 좋은 관계를 맺기도 하고 나쁜 관계를 맺기도 한다는 것을 명심해야 한다. 어떤 때는 우리는 자녀들을 잘 이해하지만, 어떤 때는 절망스럽게도 잘못 이해한다. 우리가 하는 일은 회복할 수 없을 정도로 망가지지 않는다(공든 탑은 완전히 무너지지 않는다─역자 주). 따라서 난관이나 오해로부터 벗어나려는 것은 자녀와 부모가 서로를 알게 되고 사랑하게 되는 데 있어서 꼭 필요한 것이다.

첫 자녀를 가지는 것은 아주 특별한 경험이며 우리의 삶을 변화시킨다. 이 책은 첫 자녀에 대해 중점적으로 다룬다. 그러나 첫째 다음으로 태어나는 자녀들도 각자의 고유한 매력을 가지고 있으며, 자신만의 욕구와 성격을 가지고 태어나며, 우리로 하여금 다시 적응하고 영아에 대해 발견하는 과정을 시작하도록 요구한다.

한 아이가 태어난 가정마다 서로 다른 가족 상황을 가지고 있다는 것은 틀림이 없는 사실이지만, 이 책에서 이 모든 것을 다룰 수는 없다. 이 책에서는 엄마가 아이를 돌보는 사람이라고 가정한다. 그러나 이 책의 핵심 주제는 아빠나 아이를 키우는 모든 사람에게도 적용될 수 있다. 이 책에서는 남아와 여아를 크게 구분하지 않고, 반드시 필요한 때에만 남아, 여아를 구분하여 칭할 것이다.

제1장

임신, 출산, 애착

understanding

우리 모두는 부모가 될 때 어린 자녀의 요구를 충족시키고, 행복하게 만들기 위해 우리가 할 수 있는 것은 모두 하겠다는 뿌리 깊은 소망을 가지고 있을 것이다. 우리는 어지럽고 고통스런 인생으로부터 자녀를 보호하기를 희망하면서, 임신부터 완벽한 환경을 만들어 주려고 노력한다. 우리는 모두 새로운 아이를 위해 '올바른' 것을 해야만 애착을 가장 충실히 경험할 수 있는 기초를 마련하는 것이며 그래야 아이가 최상의 첫 출발을 하게 될 것이라고 생각하기 쉽다. 여기서 '올바른' 것은 임신 기간 동안에 좋은 음식만 먹고, 안정을 취하고, 클래식 음악을 연주하거나 듣는 것에서부터 자연분만 후 행복하고 안정된 엄마와 아빠가 함께 사랑스러운 손으로 영아를 안아주어 서로 피부를 접촉하는 것에 이르기까지 다양하다.

물론 이와 같이 이상적인 것을 추구하는 것이 문제가 되는 것은 아니다. 그러나 우리가 올바른 것을 하지 못하면 아이에게 잘못하고 있거나, 실패한 것이라고 생각하지 않도록 조심해야 한다. 애착에는 여러 가지 형식이 있으며, 일이 순조롭게 진행될 때에만 애착이 형성되는 것은 아니다. 임신과 출산, 혹은 그 이후에 우리는 언

14

제든지 긍정적인 감정뿐만 아니라 부정적인 감정을, 즐거움뿐만 아니라 고통을, 강렬한 행복뿐만 아니라 고뇌와 불안을 겪게 된다. 갓 태어난 영아들이 모두 축복받으며 매우 좋은 감정을 경험하지만 나쁜 감정도 경험하는 것처럼 우리의 자녀도 태어나자마자 이 두 가지를 다 경험한다. 애착을 형성하는 과정은 사람 사이에 깊은 관계를 발전시킬 때 경험하는 것처럼 좋은 것을 함께 즐기는 것뿐만 아니라 고통스러운 경험을 직면하고 함께 극복하는 방법을 찾는 것도 포함한다.

임신

계획한 임신은 주체하기 힘든 기쁨, 설렘, 자랑을 가져다줄 수 있다. 때때로 초기에 임신이 잘 안 되었다가 간신히 임신이 되었다면, 성취감을 느낄 수도 있다. 예를 들어, 케이트는 임신 기간 동안에 첫 자녀를 향한 자신의 느낌이 몇 년이 지난 뒤에도 자녀와의 관계에서 중요한 역할을 했다고 말한다.

> 나는 두 번의 유산을 경험한 뒤에 다시 임신을 하게 되었는데, 또 유산을 하는 것이 아닌가 걱정을 했다. 나는 임신을 유지할 수 있을 것이라는 희망도 거의 버린 상태였다. 그러나 이번에는 실제로 오랫동안 임신이 지속될 것임을 알게 되었을 때 나는 아이에게 매

우 감사했으며, 남자아이가 태어난 후에도 그런 감정은 지속되었다. 아이가 태어난 지 며칠 되었을 때, 아이가 젖을 먹을 때, 아이가 나를 보고 웃을 때 나는 감정을 느꼈다. 이상하게도 그 애가 벌써 어른이 되었는데도 그때의 감사한 마음이 여전히 존재하고 있음을 느낀다.

유산, 불임 시술, 임신에 관한 불안을 경험한 뒤에 임신에 성공했면, 부모는 배 속의 아이를 향한 무한한 사랑과 감사를 느낄 수 있다. 어려움 없이 곧바로 임신을 하게 되었어도 많은 부모들은 아이를 선물 받은 것으로 느끼고 이로 인해 아이에게 따뜻한 애정을 더많이 느끼게 된다.

그러나 임신 초기 몇 주가 되어서 아이의 건강에 대한 걱정이 머리 꼭대기까지 높아지고 입덧으로 인해 엄마가 거의 초주검이 된 상태에서도 아이에 대해 희망에 찬 시선을 그대로 유지하는 것은 매우 어렵다. 심지어 몇 년 동안 임신을 원하던 여자도 한 차례의 슬픔, 우울, 부정적 마음을 경험할 수 있다. 아이의 요구는 강렬하여 다른 모든 것을 짓누르는 것 같다. 태아는 행복해 보이고, 자궁 속에서 영양을 잘 받으며 완벽히 보호를 받고 있지만, 엄마와 아빠는 뭔가 빼앗기는 느낌을 가지게 된다. 부모는 지치고, 지지받지 못하고, 자원이 고갈되고, 걱정이 많아지고, 쉽게 상처받게 된다. '부모 노릇'을 제대로 하지 못하고 있다는 느낌을 가질 수 있다.

그런 느낌을 가지는 것은 지극히 정상적이며, 출산 전이나 후에

0~1세 자녀 이해하기

때때로 그렇게 느끼는 것은 당연하다고 여기는 것이 중요하다. 임신 중에 또는 임신 초기 몇 주 동안에 부모는 다른 어떤 때 못지않게 안정을 취하고 도움을 받아야 한다. 동시에 부모는 어린아이의 요구를 충족시키는 일로 인해 자신들의 미래를 빼앗길 것이라는 엄연한 사실에 적응해야 한다. 이것은 예상되는 도전이다.

다행히 임신 기간 동안에 대부분의 부모는 '꽃피는' 기간도 가진다. 엄마가 다시 안정을 되찾을 때, 초음파를 통해 아이가 건강하게 움직이고, 손가락을 빨고, 팔을 움직이는 것을 보면서 전율을 느낄 때가 즐거운 시절이다. 태아가 건강하게 자라고 있다는 확고한 증거가 점점 많아짐에 따라 자부심과 흥분을 느끼게 되고 부모의 자신감도 회복하게 된다. 이제 부모는 태아에게 더 자주 말을 걸고 싶어 하고, 태아를 진정한 인간으로 믿기 시작하며, 좋은 것을 창조하고 있다는 사실을 즐기기 시작한다.

자궁 속의 삶

아이의 경험으로 초점을 돌려보자. 일반적으로 사람들은 자궁 속의 삶을 가장 이상적인 것으로 본다. 좌절도 없고, 불만족도 없고, 단지 평화와 편안함만 있는 곳이라 여긴다. 자궁 속에 있는 양수에 의해 밖에서 들려오는 소리는 조용하게 들리고, 엄마의 배 속에서 나는 꼬르륵거리는 소리도 부드럽게 들리고, 일정하게 들리는 심장박

동 소리에 편안해지고, 불빛은 흐릿하고, 음식은 언제든지 먹을 수 있게 준비되어 있고, 배고픔이 없고, 안전한 보호막이 쳐져 있다. 한편 임산부가 불어난 몸을 이끌고 다녀야 하고, 잠을 설치고, 아프고, 지치고, 배가 고파지는 등 최악의 상태에서 부러움 또는 분노를 느끼는 것은 어쩌면 당연하다.

임신 말기에 이르면 엄마가 매우 불편한 것처럼 태아도 매우 불편할 것이라고 여기는 경향이 있다. 자궁 속의 삶에 대해 우리가 어떻게 상상하든지 간에 우리는 한 가지는 확신할 수 있다. 아직 태어나지 않은 태아는 자궁 속의 작은 세계에 익숙해진다. 태아에게 자궁은 자신의 세계이다. 따라서 태아는 출산의 순간에 직면할 때, 큰 충격을 받는다. 자그마한 자신의 세계는 거꾸로 뒤집혀지고, 전혀 알 수 없게 바뀌고, 영원히 돌아갈 수 없게 된다. 마침내 완전히 다른 세계로 들어가게 된다.

분만

아이가 세상 속으로 들어가는 방법도 매우 중요하다. 출산은 엄마와 배 속의 아이가 처음이자 가장 극적으로 분리되는 것이기 때문에 중요하다. 대부분의 부모는 마침내 아이를 보게 될 순간을 며칠 전 또는 몇 주 전부터 손꼽아 기다리지만, 막상 분리의 순간이 되면 온갖 종류의 불안을 느낄 수 있다. 무통분만을 하느냐 마느냐, 제왕

18

절개를 하느냐 자연분만을 하느냐, 집에서 분만을 하느냐 병원에서 분만하느냐와 같은 출산에 대한 태도가 엄마와 아이가 분리되는 것을 전혀 다르게 보도록 만들 수 있다.

어떤 부모는 자신의 두려움을 의사에게 투사해서 적대감을 보이고 의사가 접근하지 못하도록 방해한다. 어쩌면 오랫동안 갈망하던 일이 마지막 순간에 완성되지 못할 수도 있는데도 불구하고 그렇게 한다. 다른 엄마들은 위험이 자신들의 몸에 있다고 여긴다. 산통과 위험한 요소들 때문에 두려움에 휩싸인다. 그래서 안전하게 분만을 이끌어줄 경험이 많은 의사를 찾았을 때 기뻐한다. 많은 부모들은 상세한 출산 계획과 분만 교실에 참여함으로써 안심하려고 노력한다.

우리는 아이가 태어날 것에 대비하여 많은 것을 준비하지만 분만 과정과 아이가 태어난 직후에 무엇을 해야 하는지 완벽하게 알지 못하며 예측할 수도 없다는 것을 발견하게 된다. 분만의 경험은 우리가 기존에 가지고 있던 가정에 대해 마음속 깊은 곳에서부터 다시 생각하게 만든다. 우리가 어떻게 느끼고 반응하는지를 예측할 수 있는 방법은 없다. 단지 우리는 아이와 부모 모두 인생에서 가장 큰 변화 속으로 들어가고 있다는 것을 받아들이려고 노력해야만 한다. 아이처럼 우리도 출산 이후에 발생하는 새로운 관계를 찾기 위해 많은 시간과 공간이 필요하다는 것을 인식하고, 우리에게 던져진 것을 관리하기 위해 노력할 수 있을 뿐이다.

탄생의 순간

부모의 경험

아이가 태어나는 첫 순간은 강렬하고 원초적 느낌을 자극한다. 첫 아이를 낳은 수잔은 아들이 탄생하는 때를 다음과 같이 기억하고 있다.

> 나는 제왕절개 수술을 받은 뒤에 의사가 절개한 부분을 봉합하고, 아이를 닦고, 점검하는 동안에 기다리고 있어야 했다. 나는 몹시 아이를 안고 싶었고, 눈물이 났다. 그것이 안도의 눈물이었는지 아니면 한순간도 더 기다릴 수 없어서 흘린 눈물이었는지 모르겠다. 단지 나는 아이를 내 팔로 안고 싶었을 뿐이다. "이 아이는 내 아이이지 다른 사람의 아이가 아니다!"라고 계속 생각했다. 드디어 회복실에서 내가 아이를 안게 되었을 때, 아이는 자신의 손을 빨면서 젖을 먹고 싶어 했고 이를 본 의사들은 미소를 지었다. 마침내 아이를 안게 되자 매우 황홀했으며, 가슴이 떨려서 울음을 멈출 수 없었다. 기분이 이보다 더 좋은 적이 없었다.

많은 부모들은 분만 과정에 몰입하여 자기 자신을 '망각'하는 것을 느낀다. 모든 것이 멈춰 있는 것처럼 느껴지고, 시간의 흐름이나 자기 주변에서 돌아가고 있는 일상적인 경험은 지금 경험하고 있는 특이한 경험에 밀려나서 소중하지 않게 느껴진다. 많은 부모는 너

0~1세 자녀 이해하기

무 가슴이 떨리고 놀라서 자신이 어디에 있으며 심지어는 자신이 누구인지조차 잊어버린다. 이런 상태에서 부모는 자신의 아이를 처음 만나게 된다. 자신을 망각한 엄마는 자신이 누구인지, 어디에 있는지, 도대체 무슨 일이 일어났는지 모른다. 이 순간은 다른 어느 순간과도 다르다. 아마도 다른 어느 때보다 우리가 우리 자신에 대해 확신이 없는 이 순간에 우리는 아이가 경험하고 있는 것을 가장 잘 알 것이다. 이런 혼란과 자신을 망각하는 상태에서 벗어나면 엄마, 아빠, 아이는 자기 자신과 상대방을 완전히 새로운 방식으로 이해하기 시작한다.

아이의 경험

우리는 아이가 출생하는 과정에서 의식을 잃을 수 있기 때문에 아이가 모든 것이 갑자기 바뀌고 완전히 새로운 세상 속으로 들어간 자신을 발견할 때 그 과정에서 잡아 당겨지고 비틀렸다는 것을, 짓눌리거나 압박당하면서 고통받았다는 것을, 또는 자기가 잘 알고 있던 세계를 잃어버리는 테러를 당했다는 것을 인식하지 못할 것이라고 상상하고 싶어진다.

우리는 분만을 하는 동안에 통제 불능을 느낄 수 있지만, 어떻게 아이가 통제 불능을 느껴야만 하는지 상상하기는 어렵다. 아이는 따뜻한 양수로 가득한 자궁 속 환경으로부터 벗어나 자신을 지탱해 주는 보호막이 없는 거대한 공간 속에 놓인다. 이곳은 차갑고, 공기로 가득 차 있고, 처음 보는 색으로 가득하고, 새로운 장면이 끊임없이 변한다. 또한 이전에는 결코 몰랐던 다양한 신체 감각도 느끼게 된다. 허파로 공기가 들어왔다 나가는 호흡, 생생한 목소리, 자기 자신의 울음소리, 중력에 의한 충격, 배고픔을 처음 경험하게 된다. 대부분의 영아는 처음 허파로 호흡을 하자마자 우렁찬 울음을 터뜨리면서 자신이 충격을 받았다는 것을 곧바로 표현한다. 하지만 어떤 영아는 혼란이나 졸음의 상태로 퇴보하고, 새로운 경험을 받아들일 준비가 되어 있지 않아 긴 시간이 지난 뒤에서야 반응을 하기도 한다.

편안함 제공

대부분의 어른은 영아가 가능한 친숙한 것과 가까운 편안한 물건을 찾을 것이라고 직감적으로 알고 있다. 우리는 할 수 있는 한 자궁 속과 비슷한 환경을 만들려고 노력하면서, 안전하게 영아를 감싸고, 따뜻하게 해주고, 자궁에서부터 들어서 알고 있는 엄마와 아빠의 목소리를 들을 수 있도록 해준다. 물론 영아가 배고파하면 즉시 젖을 준다.

또한 영아는 자신의 내부에 발생하는 모든 혼돈을 통제할 수 없어서 두려움을 느낄 때 심리적으로 보호받고 꼭 밀착되어 있다는 느낌을 가져야 한다. 이것은 여전히 밀접하게 연결되어 있고 영아와 조화를 이룰 줄 아는 엄마에 의해 수행된다. 엄마는 본능적으로 그렇게 수행하며, 영아의 고통에 대해 깊은 수준에서 반응한다. 비록 엄마가 역량이 부족함을 느끼고 무엇을 해야 할지 확신이 없다 하더라도, 자신의 아이에 대한 몰입과 강렬한 느낌은 영아가 외로움을 덜 느끼도록 만들기 위해 필요한 것이다.

유대감

이 단계에서조차 많은 부모는 영아를 돌보는 데 있어서 '올바른' 방법과 '그른' 방법이 있으며, 부모가 잘못 돌보면 영아가 상처를 받게 된다고 걱정한다. 초기 유대감은 가장 강한 정서이다. 갓 태어난 영아와 유대감을 가지는 것의 중요성을 많은 사람이 말했기 때문에, 부모는 아이의 미래 행복이 출생 후 처음 몇 시간에 달려 있는 것처럼 느낄 수 있다.

어떤 부모는 분만하는 동안에 어떤 개입이 아이의 가장 소중한 첫 몇 시간을 방해할 수 있다고 두려워한다. 즉, 분만 동안에 너무 많은 투약은 아이를 혼수 상태에 빠지게 하거나 모유 수유를 할 수 없게 할 수 있고, 외상적 경험은 산후 우울증을 초래할 수 있고, 응급 제왕절개(특히 무통 마취를 한)는 아이에게 초기 분리 상처를 주어 엄마와 아이 사이에 유대감을 형성하는 과정을 망칠 수 있다고 두려워한다. 간혹 엄마나 아빠가 충격을 받기도 하고, 아이에 대한 첫 느낌이 그동안 기대했던 것과 다르면 어떡하나 걱정하기도 한다.

적대감, 공포, 무관심 같은 느낌은 아이와의 관계에 영원히 남게 될 상처를 줄 것이라는 두려움을 유발할 수 있다.

그러나 우리는 자신의 시간표와 영아의 시간표에 맞추어 각자 다른 방식으로 영아와 '유대감'을 형성한다. 물론 처음 몇 시간이 다른 시간보다 더 즐거울 수 있으며, 부모는 더 이완되어, 자신의 아이와 즐거운 시간을 가질 준비를 한다. 그러나 잘 이루어진 분만과 성공적인 유대감 사이에 절대적인 상관이 있을 것이라고 제안하는 것은 어리석다. 분만의 과정이 어떠하든지 상관없이 아이가 태어난 이후 처음 몇 시간 동안에 부모는 어려움이나 비현실성을 느낄 수 있다. 부모는 눈물이 나고, 탈진하고, 당황할 수 있다. 영아는 밤새도록 울거나 잠을 자고, 아예 반응이 없을 수도 있다. 부모들이 출산의 경험을 허탈해하고, 일이 계획대로 진행되지 않을 때 슬픔, 분노, 후회를 느끼는 것은 당연하다.

아빠 역시 매듭지어야 할 자신만의 문제를 가질 것이다. 출산과 관련하여 아빠의 요구를 과소평가하거나 얕보는 경향이 있다. 이것은 사실이며, 아빠는 출산과 관련하여 신체적 고통을 느끼지 않는다. 그러나 정서적으로 난처한 상황에서 지지하면서 바위처럼 꿋꿋이 곁에 있는 것은 쉬운 일이 아니다. 특히 아내가 심한 통증을 호소하는 것을 목격했다면 아빠는 자기 나름대로 큰 충격을 받을 수도 있다. 아마도 아내의 안전과 아직 태어나지 않은 아이에 대해 상당한 걱정을 할 것이다.

회복

출산과 관련된 모든 것은 모든 사람에게 어렵고 짜증나는 일일 수 있으며, 이를 극복하는 데 상당한 시간이 걸릴 것이다. 엄마와 아빠 모두 자신들의 경험담을 들어주는 마음에 드는 친척과 친구를 찾음으로써 위안을 받을 수 있고, 자신이 겪은 스트레스와 통증을 완화시킬 수 있다. 힘든 출산은 어떤 부모들의 삶 깊숙이 자리 잡고 있는 문제를 더 악화시킬 수도 있다. 즉, 문제가 표면으로 등장함으로써 어떤 부모들은 더 상처를 받을 수 있다. 그러나 처음 몇 시간 만에 돌에 글을 새기듯이 확고하게 결정되는 것은 아무것도 없다는 것을 기억해야 한다. 어려운 출발은 회복하는 것이 가능하며, 우리의 아이가 회복하도록 도와줄 수도 있다. 이것이 '유대감'의 가장 중요한 부분이 될 수 있다.

28시간 동안이나 심한 진통을 겪은 후 마취 상태로 응급 제왕절개를 끝마친 후, 첫 아이를 얻은 부모가 어떻게 수습하는지를 보기 위해 한 조산사가 회복실로 들어왔다. 조산사는 긴 마라톤 진통을 겪은 엄마가 탈진하여 침대에서 깊이 잠자고 있는 것을 발견하였다. 출산하는 동안 계속 옆에서 도와주었던 남편은 침대 옆 의자에 앉아서 아이를 안고 있다가 둘 다 곧 잠이 들었다. 모두 힘든 일을 마친 뒤에 함께 휴식을 취하는 것이 이 가족이 '유대감'을 형성하기 시작하는 과정이었다.

출산은 우리가 아이와 함께 겪어나갈 많은 강렬한 경험 중 첫 번

째 경험이고, 부모와 아이가 최악의 출발점으로부터 회복할 수 있
는 방법은 항상 존재한다. 우리가 가정에서의 멋진 출산, 긴 시간
동안의 고통스러운 진통, 응급조치와 같은 외상적 경험, 제왕절개,
또는 빠르고 쉬운 분만 중 어떤 경험을 하였든 우리는 좋은 부모가
되고, 아이와 유대감을 형성하고, 아이를 사랑하고 돌볼 많은 잠재
력을 가지고 있다.

인생에 대한 아이의 첫 반응

아이는 자기만의 성격을 가지고 태어난다. 어떤 아이는 배고픈 상
태로 태어나서 기회가 주어지면 즉시 젖을 빨 준비가 되어 있다. 또
어떤 아이는 조심성이 더 많아서 자궁 밖에서의 삶이 매우 쉽게 이
루어질 것이라는 확신이 없는 것 같다. 또 자기에게 필요한 것을 얻
기 위해 싸우지만, 젖이나 우유가 즉각 주어지지 않으면 공황 상태
에 빠지고, 그런 절박한 요구가 충족되지 않으면 무서워하는 아이
도 있다. 또 어떤 아이는 쉽게 달래지며, 절망의 상태로 빠지기 전
에 조금 더 오랫동안 참을 줄 아는 것 같다. 조산으로 태어난 아이
는 종종 느리게 성장하며 세상 속으로 나아갈 준비가 되어 있지 않
고, 첫 며칠 동안은 주로 잠을 자면서 보낸다. 조산한 아이는 갑자
기 경험하게 된 새로운 감각의 폭격으로부터 더 많이 보호받을 필
요가 있다.

처음 며칠 : 초보자 되기

마침내 첫 아이를 낳은 뒤에 대부분의 부모들은 영아로부터 눈을 떼지 못하고, 완전히 몰입하게 되며, 모든 세세한 것까지도 기적이며 환상적인 것으로 본다. 영아는 끊임없이 새로운 매력을 주고 아직도 알려지지 않은 것이 상당히 많다. 줄기차게 일어나는 발견을 우리가 받아들이고 있을 때, 친구와 친지들이 귀중한 도움, 충고, 축복을 줄 수 있다. 부모가 느끼는 흥분과 고양된 상태는 부모를 비현실과 행복이라는 거품으로 덮을 수 있다.

때때로 영아의 부모들은 실상은 힘들고 정서적이며 이해하지 못하는 것이 많음에도 불구하고 자신들은 이미 능력이 있고, 행복하고, 자연스럽다는 것을 세상에 보여주어야 한다는 압력을 느낄 수 있다. 처음 엄마가 된 어떤 엄마는 병동의 비인간적인 환경에 의해 겁먹고 기분이 상하여 병원에서 불편함을 약간 느낄 수 있으며, 이것은 대부분 외부세계로부터 오기도 하지만 그만큼 부모 자신들 내부에서 나옴에도 불구하고 기대에 부응하려는 집착을 강화시킬 수 있다. 또 어떤 엄마들은 병원에서 지원을 많이 받는 것으로 느끼고 집으로 돌아가는 것을 두려워한다. 병원 직원들의 조언이나 전문성 없이 집에서는 어떻게 해야 할지를 모르기 때문이다.

아이 탄생과 초기 며칠 동안은 부모들이 상상했던 것보다 훨씬 더 많은 육체적 그리고 정서적 혼란이 일어난다. 부모 모두 자신들의 삶이 완전히 바뀌었다는 것을 받아들임과 동시에 지쳐버린다.

이로 인해 부모들은 불가피하게 서로 간에 새로운 긴장과 갈등에 빠지게 된다. 어느 단계에서 대부분의 부모들은 행복한 순간에도 동요와 두려움을 느끼게 되는 것은 불가피해 보인다. 이것이 실패의 신호는 전혀 아니다. 사실 우리가 통제력을 잃지 않고 우리 자신의 정서적 상태와 접촉한다면, 우리는 아이의 정서적 상태에 더 잘 반응할 수 있다는 것을 발견할 수 있다.

많은 여성은 다 알고 있어서 힘들지 않은 엄마라는 이미지에 맞추어 살려고 노력한다. 이것은 지는 싸움이다. 우리 자신이 초보자이고 우리의 아이도 역시 초보자임을 스스로 인정하고, 필요할 때 다른 사람에게 의지하고, 때때로 비참해질 수 있다는 것을 수용하고, 우리 자신과 아이의 불완전함을 참을 때 우리의 길을 찾기가 훨씬 쉽다. 영아를 점점 더 알게 되고, 아이와의 의사소통에 가능한 개방적이고, 할 수 있는 한 우리가 우리 자신을 진실하게 대하는 것과 같은 기본적인 과제에서 이상적인 어머니가 되는 길을 찾을 수 있다.

첫 수유

영아가 모유나 분유를 먹는 모습을 보면 안심이 되고 거의 기적같다는 생각이 든다. 그러나 배고픈 아이는 엄마의 젖이나 젖병에 찰싹 붙어서 무엇을 해야 하는지를 알고 있음을 엄마에게 즉각적으로 보여주는 반면, 좀 더 위축되거나 졸리는 아이를 구슬리는 데 여러 시간이 걸릴지도 모른다. 첫 아이를 출산한 부모는 분만을 한 뒤에 지쳐서 녹초가 되었을 수도 있다. 이런 부모는 아이에게 무관심해져서 젖 먹이는 일이 극히 싫을 수도 있다. 아이가 사느냐 죽느냐의 갈림길에 있다는 느낌은 출산을 하는 동안에 가장 높아진다. 영아에게 젖을 먹이는 것과 연관된 느낌도 마찬가지로 극에 달할 수 있다.

모유 또는 분유?

대부분의 엄마는 아이에게 수유하는 방법과 어떤 것을 먹일 것인지에 관해 강한 선입견을 가지고 있다. 그러나 잘 수립된 출산 계획이 분만이라는 현실과 직접 부딪힐 때 크게 쓸모가 없을 수 있는 것처럼 수유와 관련한 문제도 우리가 상상할 수 있는 것보다 더 정서적이고 통제할 수 없는 것일 수 있다.

때때로 엄마는 아이가 무엇을 해야 할지 알고 태어나서, 첫날부터 입을 대고 힘차게 빨면서 상황을 스스로 조절할 때 깜짝 놀란다. 이로 인해 모유 수유에 대한 엄마의 자아존중감과 자신감이 확 올라갈 수 있다. 그러나 모유 수유를 행복하게 꿈꾸어왔던 어떤 엄마는 일이 복잡하게 돌아가고 왜 그런지 아무도 충분히 설명해주지 못할 때 충격을 받는다. 젖꼭지가 안으로 들어갔거나 너무 아플 때, 아이가 젖을 빨려 하지 않거나, 체중이 증가하지 않는 상황에서는 모유 수유가 짜증이 아니라 기쁨을 주는 것으로 바뀔 때까지는 상당한 양의 인내심과 체력이 요구될 수 있다. 이것은 어떤 엄마에게는 끔찍하게 실망스럽고, 영혼을 파괴하고, 자신이 좋은 엄마라고 믿었던 신념을 위협할 수 있다.

어떤 엄마는 자신의 모유 공급에 대한 많은 걱정에 시달리면서 모유를 주기 시작한다. 모유는 진짜 좋은 것인가? 만족할 줄 모르는 것 같은 아이를 만족시킬 수 있을 만큼 모유는 충분할까? 아이의 체중이 늘어나고 있으며 모든 것이 순조롭게 진행되고 있을 때조차도 이런 불안은 젖 먹이는 관계를 침해할 수 있다.

모유 수유는 매우 감정적인 문제이며, 출산처럼 자연스러운 것과 자연스럽지 않은 것에 관해 강하고 정열적인 느낌을 야기한다. 엄마와 아이가 둘을 위해 가장 좋은 것이 무엇인지 찾기 위해 애쓸 때 모유 수유가 압박감을 증가시킬 수 있다. 아이에게 분유를 먹이고 싶은 엄마도 자신의 아이에게 나쁜 일이 생기면 어쩌나 하는 두려움 때문에 모유 수유를 계속할 수 있다. 비록 이것이 자신의 본능과는 반대라도 그렇게 한다. 마찬가지로 어떤 엄마는 처음 몇 번 모유 수유를 시도하지만 제대로 하지 못하였기 때문에 분유 수유로 바꿀 수도 있으며, 이어서 분유 수유가 더 편안해질 때까지 모유 수유를 하려고 노력하지 않을 수도 있다. 모유 수유가 가치 판단의 문제라고 느끼지 않는다면, 무엇이 우리에게 가장 적합한지를 찾기 위해서 우리는 우리 자신과 아이에게 귀를 기울이는 것이 훨씬 더 편할 것이다.

0~1세 자녀 이해하기

우리는 아이 역시 수유관계에서 중요한 사람이며 아이도 자신의 결정을 해야 하는 존재라는 것을 결코 잊어서는 안 된다. 모유를 맛있게 먹는 아이는 의심하던 엄마에게 계속 먹일 가치가 있다는 확신을 심어줄 수 있을 것이다. 반면 불안해하는 아이나 젖을 먹는 것에 관심이 없는 아이는 흔들리는 엄마로 하여금 포기하게끔 만들 수도 있다. 엄마와 아이 사이의 긴밀한 관계는 각자의 느낌이 누구의 것인지 또는 어떤 불안이나 선호의 시작과 끝이 어디인지 결코 분명하지 않음을 의미한다.

모유 수유는 엄마와 아이 사이에 가장 친밀하고 귀중한 순간을 제공할 수 있으며, 특정한 형태의 친밀감과 즐거움을 함께 제공한다. 그러나 모유 수유를 할 수 없다고 엄마와 아이가 친밀감과 밀착이 깨지는 것은 아니다. 아이에게 분유를 수유하는 것은 그 자체로 즐거운 경험이 될 수 있으며, 엄마와 아이는 사랑과 따뜻한 마음을 서로 주고받기 위해 셀 수 없이 다양한 방식을 찾는다. 모유를 수유하려는 시도가 엄마와 아이 모두에게 불안하고 만족을 주지 못한다면, 분유 수유가 새로운 세상을 만들어낼 수 있으며, 아이에게 수유하는 것이 처음으로 즐거운 일이 된다. 아이의 입장에서 볼 때 가장 중요한 점은 먹는 것이 즐거운 일이며 기쁨을 주고받는 것이 되어야 한다는 것이다. 아이에게 수유를 다 한 뒤에 다소 느긋한 엄마는 자기가 하고 있는 일로 인해 스트레스를 받거나 불편해하는 엄마보다 자기의 아이를 더 잘 안심시킬 수 있다.

우리 아이 이해하기

당신이 아이의 완벽함에 감탄하면서 몇 시간 동안 앉아서 아이를 물끄러미 바라보는 동안 이상 징후가 불현듯 다가올 수 있으며, 이런 작은 생명체가 정말로 살아남을 수 있을지에 대한 뿌리 깊은 공포가 몰려올 수도 있다. 무엇이 정상인지 또는 언제 외부의 도움이 필요한지를 판단하는 것은 어려운 일이다. 아마도 아이는 신체적으로나 정서적으로 자신의 내부에서 잘못되고 있는 것을 느낄 때 겁먹거나 뒤숭숭해질 수 있는데, 이는 우리가 아이의 느낌에 사로잡히게 되어 있기 때문이다.

루이스는 자신의 딸이 3세에 이런 종류의 의심을 처음 느낀 순간을 다음과 묘사한다.

애니는 뭔가에 의해 정말로 상처를 받은 것처럼 고통스럽게 울었다. 그러자 우리는 애니가 심한 설사를 했다는 것을 알아차렸고, 나는 즉각 애니가 심하게 아픈 것이 틀림없다고 결론내렸다. 나는 당황했다. 나는 아무것도 생각할 수 없었고, 애니가 죽어가고 있다고 확신했다. 애니가 잘못될 수 있다는 아주 조그만 가능성조차도 그렇게 무서운 일이 될 수 있다는 것을 알지 못했다.

대부분의 부모는 이와 같은 순간을 경험하며, 자녀의 생존이 갑자기 무서울 정도로 취약해질 때 부모는 자녀가 잘 자라는 데 필요한 것에도 압도당한다. 심지어 자녀가 평상시보다 더 길게 잠을 자고 있으면, 부모는 침대로 달려가 아이가 여전히 숨을 쉬고 있는지 확인하게 된다. 물론 이런 공포가 실제로 실현되는 때가 있으며, 아이는 심각하게 아프기도 한다. 그러나 대부분의 경우에서처럼 우리가 그렇게 집착했던 증상이 전혀 해롭지 않은 것으로 드러났을 때, 우리는 대개 우리의 균형을 매우 빨리 회복할 수 있으며, 우리의 아이가 강하고 충분한 잠재력을 가지고 있다고 보면서 삶과 성장을 향한 확실한 동기를 가지는 상태로 되돌아간다. 분위기가 이렇게 갑작스럽게 흔들리는 것은 아이의 초기 인생에서 매우 자주 나타나는 것으로, 영아가 몰고 온 정서의 원시성과 극단성을 보여 준다.

도움이 되는 충고와 심판받는 느낌

우리 인생에서 아이를 다루는 방법만큼 옳고 그름에 관해 그렇게 많은 견해가 있는 경우는 없다. 아마도 아이에 관해 쉽게 상처주고 전혀 도움되지 않는 것이 있기 때문에 사람들은 '제대로 하는 것'에 대해 깊이 생각할 것이다. '해결'을 찾지 않고서 화나거나 공황 상태에 빠진 아이를 보는 것은 매우 힘들다. 모든 부모들은 특히 유능한 부모마저도 때때로 잘못할 수 있다는 사실과 발생하기 마련인 상당한 양의 오해나 실수를 아이가 참을 수 있다는 사실, 특히 오해나 실수가 발생하는 초반에 더 잘 견딜 수 있다는 사실을 잘 수용하지 못한다. 아이가 필요로 하는 것과 우리가 할 수 있는 것과 할 수 없는 것을 아는 데에는 시간이 걸린다.

우리는 다른 사람으로부터 절실하게 도움, 지원, 충고를 받아야 할 때가 있다. 예를 들어, 아이가 심한 배고픔이나 어딘가 아파서 울기보다는 단지 피로해서 울 때 처음으로 아이를 가진 부모는 그 차이를 알아차리지 못한다. 단순하지만 알기 어려운 이 차이를 말해줄 제삼자가 필요하다. 이렇게 함으로써 우리는 지친 아이로 인해 발생하는 끝없는 좌절의 악순환에서 벗어날 수 있다. 심지어 아이에 관한 이런 통찰을 전수해주는 것조차도 매우 어려운 일이다.

또한 우리 자신을 위한 일을 하고 우리 자신의 실수로부터 배울 여유가 필요한 경우도 있다. 특히 영아를 맞이한 처음 며칠 동안에 우리는 영아와 함께 어디에 있는지를 알아내고 부모로서 익숙해지는 시간을 가지는 것이 중요하다. 이때 친구와 친지들이 우리에게 마구 쏟아주는 지식과 충고에 의해 짓눌리는 느낌을 받지 않도록 해야 한다. 우리는 아직도 아이를 가지고, 유대감을 형성하고, 가족이 되는 것이 수월하고 완벽하지 않다는 사실에 적응하고 있는 중이다. 우리 자신의 인간성에 따라 살아가고, 아이의 인간성에도 맞추며 살아간다. 우리 자신에게 지나치게 비판적이거나 요구하지 않고 우리 자신과 아이가 서로에 대해 알아가는 길고 복잡하고 환상적인 과제를 시작하기 위해 무엇보다 가장 먼저 시간을 함께 보내는 것이 필요함을 수용하는 것이 도움이 된다.

제 2 장

첫 6주

understanding

최고와 최악

처음 6주 동안이 대부분의 부모에게 가장 힘든 시기이며, 의심할 여지도 없이 대부분의 아이에게도 힘든 시기이다. 강한 주의와 드라마 같은 분만이 끝나고 산후 조리도 끝나고 나면, 갑자기 영아와 둘만 남겨놓고 모두 떠나버린 것 같은 난감한 느낌이 든다. 많은 엄마들은 조산사가 다시 찾아오지 않을 것이라고 말할 때 공포를 느낀다고 말한다. 태어난 지 몇 주가 안 된 시기는 아이가 가장 두렵고 취약한 시기이며, 동시에 처음으로 아이를 가진 부모들에게도 가장 취약한 시기이자 충분히 좋은 부모가 될 수 있을지 그리고 아이가 진짜로 살아남아 잘 자랄 수 있을지 불확실한 시기이다. 이때 관련된 모든 사람의 학습 곡선은 가파르게 떨어진다.

영아의 생존은 세상에서 가장 평범한 것일지라도 영아의 생존 능력에는 기적과 같은 것이 있다. 앤드류는 딸이 태어난 이후 며칠 동안에 가진 자신의 느낌을 다음과 같이 묘사한다.

0~1세 자녀 이해하기

내 딸은 아주 작고 귀여웠다. 아이가 잠자고 있을 때 나는 아이로부터 눈을 뗄 수가 없었다. 그러면서 "이것은 믿을 수 없는 일이야. 이 아이를 영원히 지키지 못할 수도 있어."라고 생각했다. 절반의 시간 동안에 나는 다른 세계에 붕 떠 있는 것처럼 느껴졌다.

영아는 엄마의 마음을 사로잡으며 엄마의 전부가 된다. 일이 순조롭게 진행될 때 자부심, 기쁨, 그리고 설렘이 묘사할 수 없을 정도로 강하게 느껴진다. 일이 어려워질 때 세상의 종말이 다가오는 것처럼 느껴진다. 앤드류의 아내 쥴리는 처음 몇 주 동안 바다 한가운데에 있는 것처럼 느꼈다.

짧은 시간동안 나는 파도 위를 타고 있다는 자부심으로 가득 찼다. 나는 세상에서 제일 멋진 아이를 가졌고, 항상 이 아이를 기쁘게 해줄 것이다. 그 다음에 나는 모든 것이 뒤집어졌다는 것을 알았다. 아이는 갑자기 울기 시작하고 불쌍해졌으나, 나는 그 이유를 몰랐다. 종종 나도 역시 불쌍해졌으며, 눈물을 머금고 "내가 뭘 잘못하고 있나?"라고 생각했다. 그러자 이제는 바다에 빠져 죽지 않으려고 애쓰는 것 같았다.

처음 몇 주 동안은 아이와 아이를 돌보는 사람의 열정이 하늘 높이 치솟으며, 이 모든 강렬한 감정이 부모들로 하여금 현기증을 느끼게 만들 수 있다. 이 기간이 대부분의 부모들이 가장 힘들어하는 시기이며, 시간이 지남에 따라 상승과 하강의 폭이 다소 누그러지고, 아이는 더 안정되고, 이해하기 쉬워진다는 것을 명심해야 한다.

혼란 대 규칙적인 일상

가장 눈에 띄는 영아의 특징 중 하나는 삶이 전혀 구조화되어 있지 않고 예측하기 힘들다는 점이다. 영아에게는 어떤 리듬이나 규칙적인 일상이 없다. 어떤 날의 대부분은 잠자면서 보내고, 그 다음 날의 대부분은 젖 먹으면서 보내고, 또 다음 날 밤에는 잠도 자지 않고 배고파서 보채는 일이 아주 흔하다. 이것은 영아의 엄마나 아빠에게 혼란스럽고 당혹스러운 일이므로, 이들은 자기들이 뭔가 잘못하고 있는 것이 틀림없다고 생각하며 아이가 잠자고 먹는 일에 일관성이 생기기만 바랄 뿐 아무것도 할 수 없다고 여긴다. 그러나 우리에게 질서 있는 것이 영아에게는 혼란스런 일로 보이는 것이 당연하다. 영아는 자궁에서 누리던 리듬과 반복되는 일상을 잃고 대신 배고픔이나 중력과 같은 새로운 감각, 피부에서 느껴지는 다른 온도와 촉감, 새로운 냄새, 공기, 시야와 소리 등을 경험하기 때문이다.

영아가 새로운 삶에 익숙해지고 부모의 기대에 적응하는 데는 시간이 걸리는데 이는 아이마다 다르다. 어떤 부모는 비교적 다루기 쉬운 규칙도 거의 찾지 않고, 다른 어떤 부모는 아이에게 질서를 부어하려는 욕구가 강하여 일찍부터 훈련시킨다. 우리 모두 도움을 받을 필요가 있으며 사람마다 서로 다른 형태의 도움이 필요하다는 것을 명심해야 한다. 어떤 부모는 혼란을 극복하기 위한 방법을 찾기 위해 책이나 잡지에 의존한다. 배우자가 경험이나, 아이 양육, 그에 따른 불안까지 함께 공유한다면, 그로부터 받는 지지는 매우 소중하다. 많은 엄마들에게 이야기 나눌 사람이 필요하고, 이런 일을 잘 알고 있는 친구, 건강한 방문객, 부모나 산후 조리 동아리가 필요하다. 그래야 도움을 받고 있다고 느끼면서 아이의 끊임없는 요구에 직면할 수 있게 된다.

캐티의 아이 커스티는 태어난 지 며칠 밖에 안 되며 매일 밤 2시간마다 깨어나서 젖 달라고 앙칼지게 운다. 커스티는 낮에는 안기고 있을 때에만 진정되기 때문에 캐티는 커스티를 아기띠로 안고서 집 주변을 돌고 있다. 출생 후 2주가 지나자 캐티는 지쳤고 절망했다.

내 인생을 완전히 잃어버린 느낌이었다. 나는 항상 커스티에게 모유를 먹여야 할 것 같았고 가슴에 아이를 붙여놓아야 할 것 같아 더 이상 식사를 즐길 수 없었다. 아이를 떼어놓고는 화장실조차 갈 수 없었다. 내 친구는 내가 행복해야만 한다고 계속 말해주었고, 나도 "정말, 그래."라고 계속 대답했다. 그러나 마음속으로는 그렇지 않았다. 나는 이것을 인정하고 싶지 않지만, 그토록 애타게 기대했던 이 멋진 일이 이제는 내게 악몽처럼 느껴졌다.

결국 캐티는 아이가 규칙적으로 행동하도록 만드는 방법을 알려주는 책을 읽기 시작하였다.

처음에 나는 이렇게 하는 것이 잔인하다고 생각했다. 나는 커스티가 몇 분 동안이나 울도록 내버려두라는 아이디어를 싫어했다. 아무것도 변하지 않을지도 모른다고 걱정했다. 그러나 나는 책에서 시킨 대로 따라했고, 계속 책에서 답을 찾았다. 책에서 말한 대로 된 적은 없었지만, 얼마의 시간이 지난 뒤에 나는 아이가 짜증을 내더라도 "커스티 안 돼, 너는 피곤해, 지금 잠을 자야 해!"라고 말할 수 있게 되었다. 그리고 결국 잠을 자게 될 것이라고 알려주면서 커스티를 내려놓았다. 이것이 자주 효과적이어서 나는 깜짝 놀랐으며, 효과가 없을 때조차도 나는 평온함을 느꼈다. 커스티가 더 이상 내 인생을 통제하지 않는 것처럼 느꼈으며, 자신감을 되찾았다고 생각했다. 나는 "아마도 나는 해낼 수 있을 거야!"라고 생각하기 시작했다.

엄마의 다양한 요구도 아이의 요구만큼 중요하다. 캐티는 보채는 아이의 집요한 요구가 너무 많다고 느꼈으며, 자기 자신을 위해 일부 통제권을 되찾을 필요가 있었다. 아마도 캐티에게 큰 도움이 되었던 책은 친정엄마가 옆에 있는 것처럼 방황할 때 조언과 견해를 제공해주었을 것이다. 이런 도움 덕분에 캐티는 아이가 보채더라도 덜 걱정하게 되었고 아이의 모든 요구를 그대로 받아주지 않게 되

0~1세 자녀 이해하기

었다. 자기의 엄마가 덜 심란해지고 자신의 힘을 재충전할 수 있게 되기 때문에 어쩌면 이것이 커스티에게도 도움이 될 것이다. 아이들은 엄마와 아빠의 마음을 알아차릴 줄 안다. 이것은 뒤에서 다시 다룰 것이다.

캐티처럼 우리도 출생 후 첫 몇 주 동안 아이가 더 규칙적인 행동 패턴을 가지도록 안내하는 데 도움이 되는 것을 찾고 있다면, 아이가 우리와 의사소통하려 하는 것에 개방적이어야 하고, 그것을 이해하는 것이 중요하다. 아이들은 이 세상에 나온 후 당황하게 될 것이고, 많은 시간을 잃고, 인생은 끝없는 혼돈과 두려움으로 가득하다는 것을 느끼게 될 것이다. 우리가 이것을 떠맡고 동시에 우리 자신이 혼돈 속으로 미끄러져 들어가는 공포를 스스로 진정시키는 방법을 찾게 된다면, 우리는 아이가 더 많은 안전을 느끼도록 도와주고 우리 자신을 더 잘 통제하는 위치에 설 수 있다.

지침서와 규칙적인 일상이 모든 사람에게 효과가 있는 것은 아니다. 어떤 부모는 시류를 따르는 것을 더 좋아하고, 어떤 부모는 어떻게 해야 한다는 말을 듣기 싫어하며, 어떤 부모는 자연스럽게 자기의 아이가 책에 나온 아이처럼 행동하지 않다는 것을 발견한다. 아이가 자기 자신에 맞는 리듬을 스스로 찾도록 허락하고, 밤새도록 잠을 자지 않고 몽롱한 상태로 낮을 보내도 참으면서, 우리가 구조화 정도가 낮은 길을 따른다면, 우리는 성인으로서 우리 자신의 안정의 욕구와 시간을 간과하지 않도록 조심해야 한다. 우리가 자신의 고유 영역과 관점의 일부를 붙잡지 않고 완전히 포기한다면,

우리는 아이의 노예가 되었고, 지치고 포위당했다는 느낌을 떨칠 수 없을 것이다. 이렇게 된다면, 부모만 압도당하는 것이 아니다. 종종 아이도 역시 더 많은 두려움을 느끼면서 부모에게 반응할 것이다.

그러나 어려운 초기 몇 주 동안에 큰 기쁨의 순간도 있다. 아이의 체중이 증가하는 것을 보는 것, 가냘픈 아이의 팔다리가 오동통해지는 것, 잘 먹은 아이의 따뜻함, 당신의 가슴에서 평화롭게 잠자는 것, 살포시 짓는 미소, 이 모든 것은 발달과 성장의 즐거움을 안겨준다. 무엇보다 가장 안심이 되는 것은 엄마의 존재와 엄마가 주는 편안함이 아이가 요구하는 바로 그것이라는 것을 기쁘게 깨달으면서 당신이 제대로 하고 있을 때가 있다는 것이다. 터널의 끝에는 빛이 점점 더 많이 있다.

아이의 고통에 반응하기

대부분의 부모는 인간으로서 가지게 되는 일상적인 긴장이나 고통으로부터 자녀를 보호할 수 있어야 한다고 여긴다. 우리는 우리의 자녀가 행복하기를 필사적으로 바라며, 처음 몇 주 동안에 사랑스럽고 귀여운 우리의 아이가 다른 아이들처럼 불행한 일을 겪을 수 있다는 것을 알게 될 때 충격을 받기 쉽다. 아이가 운다는 것을 알게 되는 것이 충격적인 일 중 하나이며, 영아의 순수하고 열정적인 정서를 목격하는 것도 충격적인 일이다.

　처음 몇 주 동안 아이는 새로운 감각과 느낌으로 가득한 낯선 환경에서 자신의 방식을 찾기 위해 '집'처럼 느낄 수 있는 어떤 것을 필사적으로 찾는 것 같다. 아이는 이것을 생각하는 수단을 가지고 있지 않으며, 아이의 삶은 혼란스런 인상과 느낌으로 가득하다. 결국 어린아이는 다음에 어떤 일이 일어날지 예측할 수 없고, 방금 일어났던 일을 기억 속에 저장하는지도 확신할 수 없다. 이로 인해 아이는 갑작스런 충격에 의해 크게 상처받을 수 있다. 아이는 엄마나 아빠의 팔에 안전하게 안겨 있고, 모유를 맛있게 먹고, 따뜻하고 안전하고, 세상은 멋진 곳이라고 느낄 때 행복하게 만족하는 것처럼 보일 수 있다. 그러나 모유를 먹지 못하고, 언제 다시 모유를 먹게 될지 알지 못할 때 아이는 온 세상이 무너지는 것처럼 느낄 수 있다. 이런 고약한 느낌을 떨쳐버리고 싶어서 아이는 큰 소리로 울게 된다. 고통으로 인해 아이의 얼굴은 벌겋게 찌푸려지며, 세상을 향한 분노로 가득한 것처럼 팔과 다리를 허공에 휘저으며, 가슴이 찢어지듯이 고통스럽고 앙칼지게 운다. 그리고 아이가 극심한 불행으로 떨어질 때, 우리는 아이가 고통에서 벗어나도록 도와줄 수 없다고 강한 무력감을 느낄 수 있다.

　아이가 느끼는 고통의 원인을 즉각 제거해줄 수 없을 때, 부모는 특히 엄마는 개인적으로 책임감과 죄책감을 자주 느끼게 된다. 어떤 부모는 영아가 우는 것은 대부분 신체적 고통 때문이라는 것을 안다. 우는 아이를 달랠 수 없어서 지켜만 보는 것은 견디기 힘든 일이며, 결국에 부모는 자신에게 화를 내거나 절망을 느끼게 된다. 아이는 일이 잘못되어갈 때 모든 것이 부모의 잘못에서 기인한 것처럼 공황 상태에 빠진 얼굴로 부모를 쳐다본다. 이것은 부모가 되는 과정에서 겪어야 하는 피할 수 없는 일이다. 그리고 아이의 울음이 부모의 관심을 이끌어내지 못한다면, 아이는 부모로부터 필요한 만큼 높은 수준의 주의와 관심을 받지 못할 것이다. 이것을 얼마나 잘 수습하느냐는 아이가 초래한 스트레스에 빠져 있는 동안에 부모가 얼마나 침착하고 치밀하게 대처할 수 있느냐와 크게 연관되어 있다.

엄마와 아이가 함께 공황 상태에 빠지다

태어난 지 2주 된 제임스는 엄마인 안나가 처음으로 집에서 목욕을 시켜줄 때 슬픔에 잠기게 되었다.

모유를 먹이기 전에 목욕을 시키면, 아이가 아프지 않을 것이라고 산파가 말해주었다. 그러나 내가 목욕 준비를 하기 위해 아이를 내려놓을 때 제임스는 공황 상태에 빠지는 것 같았다. 아이는 젖 먹는 것을 기대하였으나 실제로 그렇게 되지 않자 온 세상이 산산조각 나버린 것으로 느꼈음을 나는 확신한다.

제임스가 점점 더 짜증을 내자 안나도 공황 상태를 느끼기 시작하였다.

내가 아이의 옷을 벗길 때, 마치 내가 마녀가 된 것처럼 아이는 공포에 질린 눈으로 나를 쳐다보았다. 이로 인해 나는 기분이 나빠졌다. 절벽에서 떨어질 때 무언가 잡으려고 하는 것처럼 아이는 팔을 뻗어서 허우적거렸다. 아이는 매우 절망하였지만, 내가 도와줄 수 있는 것이 거의 없었다. 아이는 손가락을 입에 넣고 젖이 나올 것이라고 믿는 것처럼 세게 빨았다. 실제 내가 아이를 욕실에 내려놓았을 때, 공황 상태에 빠졌고 울면서 온몸을 바동거렸다. 아이를 붙잡고 있는 것이 힘들었고 내 손마저도 흔들거렸으며 나는 울고 싶었다. 목욕시키는 것을 끝내고 아이를 닦아주자 아이는 진정하였으며, 나는 젖을 주었다. 아이는 팔다리를 쭉 뻗고 있다가 내 팔에 안기어 잠이 들었다. 그리고 나서야 겨우 나는 숨을 돌릴 수 있었다.

이것은 엄마가 자신의 입지를 잃는 고통의 순간에 아이에게서 느끼는 감정에 어떻게 사로잡힐 수 있으며 자주 발생하는 스트레스 상황을 아이가 잘 극복하도록 도와주는 것이 어렵다는 것을 알게 되는지를 보여주는 예이다. 아이의 두려움으로 시작한 것이 엄마의 두려움이 되었으며, 죄책감과 불안을 가진 엄마가 차분하고 확신에 찬 방식으로 아이를 다루지 못한 것은 너무나 당연한 일이었다.

제임스는 영아들이 약한 자기감sense of self을 가졌을 때 취약한 분리의 상태를 경험한 것 같다. 먹고 싶은 젖이 주어지지 않을 때, 균형은 심하게 무너졌고, 이어서 엄마가 옷을 벗기자 제임스는 점점 더 불안해졌고, 자기의 몸과 마음 모두 통제할 수 없다고 느끼면서 나락으로 떨어지는 공포를 느끼게 되었다. 그는 자신의 신체가 공격을 받고 있는 것처럼 필사적으로 바동거림으로써 공포를 몸으로 표현하였고, 그런 위협을 견딜 수 있을지 알지 못했다. 그는 정서적으로 동일한 상태에 있으며, 자기 자신이나 자기의 엄마에게 좋은 어떤 것과의 연줄을 잃어버린 것이다. 그는 공황 상태에서 자신을 되찾도록 도와줄 수 있고 자신의 내부에서 안전하다는 느낌을 되찾도록 도와줄 수 있는 어떤 것을 찾는데, 젖꼭지나 고무 젖꼭지가 대표적인 예이다.

아이의 감정이 이렇게 격할 때에는 우리가 대신 이런 감정을 떠맡고, 아이가 무슨 일을 겪고 있는지를 우리가 알고 있음을 알려주고, 심지어 아이와 같은 감정을 우리가 조금이라도 느낄 필요가 있다. 그러나 우리는 어른의 입장도 함께 견지해야 한다는 것도 중요하다. 이렇게 하는 것이 매우 어려울 수 있으며, 대부분의 부모는 종종 자녀의 고통 속으로 빨려들어 간다. 아이의 이런 고통은 자기 엄마로부터 같은 종류의 강한 감정이나 불안을 야기하기보다는 다른 엄마 또는 더 강렬한 기분에 휩싸인 자기 엄마로부터 동정심이나 슬픔을 자아내기도 한다. 이것을 항상 정확히 이해하는 것은 불

0~1세 자녀 이해하기

가능하다. 안나가 깨달은 것처럼, 서로를 다시 이해하고 상처받은 것을 개선하는 과정은 서로를 알게 되고 이런 상태를 회복시킬 수 있다는 더 큰 확신을 얻는 데 중요한 부분이다. 안나가 제임스를 목욕시키는 일이 매우 힘든 일이었지만, 목욕 후에 두 사람 모두 진정이 되었으며 목욕 시간이 즐거워졌다.

부모의 기분이 아이에게 어떤 영향을 주는가

출생 후 초기부터 아이는 부모의 마음 상태에 대해 매우 민감하다. 부모가 진정되어 있으면 아이도 안정되고, 불안한 상태에 있는 사람에게 안기면 아이도 더 많이 동요한다. 이런 지식은 불행한 아이를 괴롭히는 것이 무엇인지를 아는 데 필요한 단서를 제공할 수 있다. 대부분의 부모는 울고 있는 까칠한 아이도 다른 사람에게 넘겨주는 순간에 곧 조용해지고 만족해지기도 한다는 지혜를 알고 있다. 이것은 부모의 양육 능력이 부족함을 만천하에 드러내는 것처럼 보이기도 한다. 그러나 때때로 이것이 너무 지나치면, 엄마와 아이는 서로의 화를 돋우기 때문에 잠깐 동안이라도 서로 떨어져 있어야 한다. 시간이 경과함에 따라 점진적으로 엄마, 아빠, 할아버지와 할머니, 그리고 아이는 서로의 성격을 더 잘 알게 될 것이며, 이들 사이에 가끔씩 발생하는 장애물을 극복하는 방법을 찾을 수 있게 될 것이다.

그러나 부모는 아이가 불행해 보이는 신호에 대해 책임감을 이미 느끼고 있으며, 자기들이 그 불행의 원인이라고 생각함으로써 죄책감의 소용돌이에 빠져들 수 있다. 자신을 비난하는 일은 아무런 도움이 되지 못하며, 오히려 우리의 불안을 증가시키고 일을 어렵게 만들기 쉽다. 아이의 기분에 미치는 부모의 영향을 완전히 무시하는 것과 아이의 정서가 바뀌는 것은 모두 부모 탓이라고 확신하는 것 사이에 안전한 중간지대가 있다. 부모는 폭풍우를 헤쳐나가기 위해 노력해야 하며, 아이가 부모의 기분에 반응하는 것만큼 부모도 아이의 기분에 반응해야 한다는 것을 명심해야 한다. 모든 부모는 한계와 문제를 가지고 있으며, 아이가 '완벽한' 부모를 그렇게 좋아하지 않음은 말할 필요도 없이 명확하다. 다른 관계와 마찬가지로 부모와 아이의 관계도 오르락내리락하는 과정에서 강해진다.

아이의 기분이 부모에게 어떤 영향을 주는가

아이는 강한 성격을 가진 작지만 힘이 센 존재이며, 아이의 강열한 정서적 상태는 아이를 돌보는 사람의 느낌과 기분에 강하게 영향을 준다.

아이가 대처해야 하는 극도로 흥분한 정신 상태는 그 아이의 곁에 있는 엄마가 겪어야 하는 감정과 크게 다르지 않다. 첫 아이를 낳은 부모는, 길을 잃지 않기 위해서 놀라운 속도로 주변의 길을 익

혀야 하는 낯설고 다소 무서운 세계에 던져진 것처럼 종종 느낄 수 있다. 아이는 소란을 일으키며, 아이의 공포는 너무 강렬하고 절박해서 부모는 인내심을 완전히 잃었다고 느낄 수 있다.

　부모가 되면 우리는 부모님 앞에서 다시 아이가 된 것 같은 강한 느낌을 가지게 된다. 우리는 우리가 아이였을 때 부모님께서 어떤 일을 겪었는지를 알게 되면서 부모님께 새로운 유대감을 느끼게 된다. 부모님께 매우 비판적이었고 부모님과 다르게 자식을 키울 것이라고 맹세하였던 것을 깨닫게 된다. 어떤 부모는 자신들이 부모로부터 양육되었던 것보다 자신의 아이는 더 잘 양육되고 있다고 생각하면서 안도와 슬픔을 동시에 느낄 수도 있다. 많은 엄마들은 어린 시절의 부모님을 그리워하면서 향수의 감정을 느끼다가 갑자기 외로움을 느끼게 된다고 말한다. 이런 외로움은 엄마로 하여금 특히 거칠고 상처받기 쉽게 만든다. 아빠 역시도 자기 자신의 어린 시절에 겪었던 일로 인해 갑자기 억누름을 당할 수 있으며, 불안을 느끼거나 강렬한 정서의 분출을 느낄 수 있다.

　처음으로 아빠가 된 매트는 자신이 기대하지 않았던 방식으로 갑자기 휘몰아치는 감정을 느끼게 되었다.

　　나는 내 아버지에 대해 전혀 몰랐다가 어느 날 갑자기 토마스의 아빠가 되었다. 토마스가 태어난 지 2주쯤 되던 어느 날 나는 설거지를 하다가 갑자기 눈물이 홍수처럼 쏟아졌다. 내가 자라는 동안에 아빠를 그리워한 적이 전혀 없었던 것으로 기억된다. 그러나 지금

나는 아빠가 갑자기 그리워진다.

매트의 첫 아이는 매트가 아주 어린 시절부터 지금까지 한 번도 경험하지 못했던 감정을 느끼게 만들었다.

영아의 커다란 정서적 요구를 수용하면서 동시에 이와 같은 경험을 다루는 것을 어려운 일이 될 수 있다. 그러나 그런 상태는 우리가 겪어야만 하는 불가피한 일의 한 부분일 뿐만 아니라 아이에게 공감을 잘 하도록 만들어주고 아이의 원초적인 정서와 필요를 알아차리도록 해줄 수 있다. 이 모든 것 덕분에 우리는 아이가 필요로 하는 편안함과 위안을 아이에게 더 많이 줄 수 있게 될 것이다.

의존성 다루기

처음 부모가 된 사람은 아이가 울고, 잠을 자지 않고, 칭얼대고, 항상 달라붙어 있으려는 행동이 결코 끝나지 않을 것이라는 두려움에 종종 사로잡힌다. 시간이 지나감에 따라 아이가 탄력성이 더 높아지고 곤란한 일을 더 잘 견딜 수 있게 될 때 부모는 일이 쉬워진다는 것을 알게 된다. 하지만 영아와 처음으로 부모가 된 사람은 어떻게 각 단계가 영원히 지속되지 않음을 알게 될까? 어린아이가 어떤 것에 지나치게 의존하도록 내버려두는 것은 부모에게 특히 불안한 일이다. 부모의 침대에서만 자려고 하고, 배고플 때 항상 즉각적으

0~1세 자녀 이해하기

로 모유를 먹어야 하고, 고무 젖꼭지에 집착하고, 울 때마다 안아주어야 하고, 엄마의 젖꼭지나 고무 젖꼭지를 물고 있어야 잠을 자는 것 등이 지나치게 의존하는 것의 예이며, 돌에 새겨놓은 것처럼 잘 지워지지 않는 행동이다. 첫 아이를 가진 부모는 그런 응석을 아무런 제재 없이 그대로 받아주면 '화를 자초하거나' 아이를 망치고 있으며 조만간 후회하게 될 것이라고 다른 사람들로부터 종종 경고를 받는다.

마리아는 출생 2주 된 아이인 엘라에게 모유를 먹이고 있다.

모든 사람들이 "애가 배고파 울 때마다 즉각 모유를 먹여라."라고 말한다. 그러나 나는 그 사람들이 정말로 그렇게 말하는 것인지 믿기지 않으며, 적어도 그 사람들은 엘라에 대해 모르기 때문에 하는 말이다. 모유를 먹일 때마다 적어도 1시간은 걸리기 때문에 나는 아무것도 끝마칠 수가 없으며, 엘라는 매번 화내거나 더 먹고 싶어 하더라도 나는 젖을 떼어내야 했다. 엘라가 항상 배고프다고 생각하지 않았기 때문에 나는 젖을 떼기 위해 생각할 수 있는 것은 모두 다 하였다. 즉, 집 주변을 거닐고, 엘라를 위로 아래로 오르내리면서 춤을 추었다. 마침내 나는 짜증이 나기 시작했고, 때때로 끊임없는 울음에서 벗어나기 위해 음악을 틀었다.

다른 엄마들처럼 마리아는 아이의 끝이 없을 것 같은 요구에 두려움을 느꼈고, 그 고통을 더 이상 참을 수 없다고 느낄 때 주의를

다른 데로 돌리게 되었다. 마리아는 다른 반응을 보였던 조산사에
관해 말했다.

조산사는 친절한 여자였으며, 엘라에 대해 매우 상냥하게 말한 것
으로 기억된다. 그녀는 엘라가 매우 작고 겁먹었으며, 엘라가 젖
을 여러 번 먹으려고 하는 것은 정상적이기 때문에 말려서는 안 되
고 또 말리지도 않았다고 말했다. 엘라는 나에게 전혀 작아 보이
지 않았기 때문에 어떤 의미에서 이것은 놀라운 일이었다. 엘라는
거대해 보였고, 특히 고개를 뒤로 젖히면서 울 때 그렇게 보였다.
내가 조산사의 눈을 통해 엘라를 바라볼 때, 나는 "맙소사, 아이가
나보다 훨씬 더 겁먹었네!"라고 생각했다. 나는 그 후로 내가 엘라
에게 너무 많이 주고 있다고 생각하지 않았으며, 모유를 더 자주
먹도록 허락했다. 이제 훨씬 안정되었다. 엘라는 훨씬 더 행복해
보였고, 그 이후로 일이 순조롭게 진행되었다.

딸의 요구가 거대하고 만족할 줄 모른다고 느꼈기 때문에 마리아
는 딸의 그런 요구를 달래주기 위해 어떤 것이든 할 수 있다는 희망
을 잃어버린 것 같다. 아마도 이로 인해 마리아는 엘라의 나약함이
자신에게 영향을 주지 않도록 차단시키려고 했을 것이다. 이런 종
류의 불안은 종종 영아의 요구가 끊임없고 영원히 변하지 않을 것이
라는 믿음에서 나온다. 사실 그렇지 않다. 아이는 때때로 (고집을 부
리면) 부모를 설득시킬 수 있다고 믿고 있으며 실제로 그렇다고 강하

게 느낄 수도 있다. 그러나 우리가 관점을 고수하고 있으면서 열심히 노력한다면, 아이가 다른 방식을 배우도록 도와줄 수 있다.

우리가 마리아처럼 태어난 지 1~2주 된 아이를 완전히 혼란스럽고 당황스런 존재라고 가정한다면, 위안을 받는 것이 어떻게 좋은 결과를 가져오는지를 알아보기 어렵다. 엘라처럼 영아가 젖꼭지를 빠는 것으로부터 최고의 안정을 얻을 수 있다면 — 그것이 위안을 얻기 위한 것이든 모유를 먹기 위한 것이든 관계없이 — 영아가 세상을 충분히 안전한 곳으로 여기고 필요하다면 언제든지 위안을 얻을 수 있는 곳으로 느낄 때까지 그렇게 하도록 내버려두어야 한다. 이런 좋은 경험을 충분히 가짐으로써 아이는 내적으로 더 강해지며, 자신의 내부에서 더 많은 안정감을 느끼고, 세상이 다시 나쁘게 변하여 갑자기 자신을 공격해오는 무서운 느낌도 더 잘 다룰 수 있게 된다.

그런 궁핍에 대해 우리가 마음으로 교감하는 것이 어려울지라도, 아이는 아주 작고 상처받기 쉬운 존재라는 것을 잊지 않는 것이 중요하다. 가장 무력한 존재인 아이의 긴급한 요구에 반응함으로써 우리는 아이가 다양한 삶을 즐기는 방법과 작은 좌절을 극복하는 방법을 아이가 배우도록 길을 열어줄 수 있다. 나중에 아이가 스스로 자제력을 더 발휘하게 될 때, 아이가 위안을 느끼기 위해 의존하는 어떤 것이 더 이상 필요 없으므로 우리는 그것을 제거하는 것에 대해 생각해볼 수 있다.

마리아는 몇 주 동안 (일정한 시간에 모유를 먹이지 않고) 아이가 울 때 모유를 먹였더니 아이가 모유를 먹고 난 후에는 더 이상 신경이 날카로워지지 않았고, 위안과 즐거움을 느낄 수 있는 다른 것을 찾기 시작한다는 것을 발견했다. 끊임없이 모유를 먹여야 한다는 공포는 지난 과거의 일이 되었다.

좌절 다루기

고통이나 불편함을 보고도 어느 정도로 참을 수 있느냐가 부모마다 다른 것처럼 좌절을 견디는 능력이 아이마다 명백히 서로 달라서 어떤 아이는 다른 아이보다 더 빠른 시기에 약간의 좌절을 스스로 다룰 수 있다. 앞에서 다룬 것처럼 아이가 언제부터 정해진 시간에 모유를 먹고, 부모와 떨어져 잠을 자고, 잠들기 직전에 약간 칭얼거릴 수 있게 되는지를 판단하는 것은 우리가 자동적으로 알게 되는 것이 아니다. 각각의 부모와 아이는 여러 번 시행착오를 거쳐야 하며, 아이가 할 수 있는 것과 할 수 없는 것에 대해 알아가는 과정을 통해서 배우게 된다. 우리는 아이가 다음 단계로 순조롭게 넘어가도록 도와주기 위한 과제를 점점 더 많이 맞이하게 될 것이다. 출생 후 초기 몇 주 만에 대부분의 아이들은 조금만 노력해도 좌절을 수습할 수 있게 된다. 아이는 자기의 무력함을 부모가 참을 수 있다는 것을 느낄 필요가 있고, 부모는 아이와 자신을 위해서 아이의 무력함이 영원히 지속되는 것이 아님을 명심해야 한다.

사랑

어떤 부모는 곧바로 자신의 아이에게 사랑을 느낀다. 또 다른 부모는 아이에게 전혀 사랑을 느끼지 못하고 심지어는 이상하리만큼 낯설게 느껴지는 것에 충격을 받는다. 아이를 보고 자긍심이 넘치는 것을 느끼는 것만큼이나 사기가 꺾이고 실망하는 것도 흔한 일이다. 둘째 아이를 얻은 대니는 어린 딸에게 애정과 보호의식을 느꼈지만, 사랑이라고 부르는 것을 느끼지는 못했다고 말한다.

나는 둘째 아이에게 강한 느낌을 가졌으며, 나의 모든 세계는 둘째 아이에 관한 아주 사소한 것들로 가득 차버린 것처럼 느꼈다.
그러나 아직 내가 모르는 누군가를 어떻게 사랑할 수 있는가?

이 단계에 있는 어린 자녀는 '보답을 충분히' 할 수 없다고 부모는 자주 느낀다. 아이로부터 처음으로 진정한 미소를 받기 전에 부모는 처음 몇 주 동안 끊임없는 양육, 헌신, 자기희생, 주의 집중을 해야 한다. 우리가 아이로부터 받을 수 있는 최상의 보상은 아이에게 가장 필요한 것을 우리가 주고 있다는 느낌과 아이가 점점 더 편안해지기 시작한다는 느낌이다.

부모가 보기에 세상을 보는 아이의 관점이 너무 순진한 것일 수 있다. 아이는 어떤 순간에는 부모를 세상에서 가장 좋은 존재처럼 보다가 다른 때에는 부모가 괴물로 변한 것처럼 여길 수 있다. 이 단계에 있는 아이는 자신의 마음에서 일어난 것과 자신의 신체에서 일어난 것 사이의 차이를 알아차리지 못한다. 한 가지 예가 배앓이 또는 '복통'이다. 어른들은 위에서 통증이 발생하는 것이 불안이나 공포의 신호인지 신체적 고통의 신호인지 구분할 수 있다. 어린아이는 이것을 모두 하나처럼 여긴다. 복통은 고통스럽고 불안을 야기하며, 마찬가지로 불안도 고통스럽고 복통을 야기한다. 어린아이에게는 이 둘을 서로 구분할 수 있는 방법이 전혀 없다. 아이는 통증을 느낄 때 신체적 그리고 정서적 편안함 둘 다 필요하다.

비슷하게 아이는 어디까지 자기이고 어디서부터 다른 사람인지 알지 못한다. '엄마' 또는 '아빠'는 특정한 냄새, 소리, 또는 감각의 집합체를 의미할 수도 있다. 태어난 지 몇 주 밖에 안된 아이가 두려운 마음으로 부모를 바라보는 것은 당연하며, 배고픔, 고통, 좌절을 강하게 느낄 때 아이는 세상이 갑자기 부서지게 된 것은 부모의 잘못이라고 믿을 수 있다. 온 세상이 나쁘게 변하였을 때, 아이는 이전에 좋았던 때도 있었다는 것을 기억할 능력이 없으며, 일이 다시 좋아질 것이라고 상상할 수 있는 능력도 없다. 비슷하게, 맛있게 모유를 먹으면서 엄마를 지긋이 바라보거나, 또는 아빠의 어깨에서 살짝 단잠을 자거나, 살며시 흔들거려서 전적으로 만족한 때에 아이는 세상이 축복받고 멋진 곳이라고 보게 된다. 이때 부모는 완벽하게 좋은 사람으로 바뀌고, 이전에 저질렀던 죄악은 다 사라진다.

아이는 열정적인 감정을 가지지만, 부모가 알고 있는 것과 같은 '사랑'과 '증오'를 느낄 수 없을 것이다. 일반적으로 일이 잘되면 '좋

0~1세 자녀 이해하기

아한다'는 모든 것을 포괄하는 감정을 경험하지만, 일이 잘못되면 '싫어한다'는 감정을 경험하는 것으로 나타난다. 이 단계에서 아이가 하는 주요한 일은 여전히 자신에게 주어진 생명을 보존하기 위해 학습하는 것이며, 나중에 배울 복잡한 인간 정서를 위한 방이 더 남아 있다. 아이를 돌보는 사람도 역시 정서가 극단적으로 변하여 두 사람 사이의 새로운 관계가 롤러코스터를 타는 것 같다는 느낌을 가질 수 있다. 나중에 아이가 다른 사람의 세계를 향해 마음을 열고 탐색을 시작하고, 우리를 진짜 사람으로 알아볼 수 있게 되었을 때에만, 우리는 아이와의 관계를 3차원적으로 파악할 수 있게 된다.

산후 우울증과 아이에 대한 부정적 생각

앞에서 엄마가 상처받을 수 있다는 것을 약간 다루었다. 특히 처음 몇 주 동안에 압도당하여 생기는 노골적인 느낌을 받는 경향이 있다. 첫 아이를 낳은 후 조는 무언가 잃고 슬픈 것처럼 커다란 상실감을 느꼈다고 말한다.

나는 내가 잃어버린 것이 무엇인지 몰랐다. 아마도 그것은 내 몸 속에 있던 아이였을 것이다. 그러나 나는 울음을 그칠 수 없었고, 나는 한동안 외로움과 비참함을 느꼈다. 다른 누군가를 생각할 필요도 없이 나 자신이 끊임없이 안기어 보살핌을 받아야 하는 아이로 다시 되돌아가기 위해 무언가 해야 한다고 생각했다.

아마도 모든 엄마는 첫 번째 아이를 낳은 뒤에 한동안 우울을 겪는다. 대개 이런 상태는 기쁨이나 행복으로 바뀌지만 간혹 오랫동안 지속되어 불안을 야기하기도 한다. 많은 엄마는 산후 우울증을 두려워하면서 항상 '행복해야' 한다는 생각에 억눌린다. 그러나 이 기간 동안에 기분이 오르락내리락하는 것은 정상적이며 비참, 외로움, 또는 우울을 느끼는 날이 전혀 없는 엄마는 거의 없다. 이것 자체는 아이에게 아무런 상처를 주지 않을 것이다. 이로 인해 엄마와 아이 모두의 삶이 한동안 더 힘들지만, 적나라하게 정서를 드러내는 것이 임상적인 우울증으로 악화되지는 않는다. 엄마가 매우 충만하고 강렬한 감정을 직면하게 된다는 것은 놀라운 일이 아니며, 엄마도 자신의 새로운 삶의 방식과 정체성을 다루어야 한다는 점에서 아이와 같은 감정을 가지게 된다. 무엇보다도 엄마는 자신의 아이가 겪는 커다란 감정의 변화와 극단적인 심리 상태에 초점을 두고 언제든지 편안함과 이해를 해주어야 한다고 요구를 받는다.

아이에 대한 부정적 감정이 발생할 수 있다는 것도 전혀 놀라운 일이 아니다. 한나는 자기 아이의 요구가 상당히 까다롭다고 느꼈다.

아들이 태어날 때 나는 매우 행복했었다. 그렇지만 아이를 원망할 때도 있었다. 아이는 첫 몇 주 동안 엄청 칭얼대고 울어댔다. 나는 때때로 생각했다. "네가 내 모든 것을 뺏어갔어! 나는 어쩌라고?" 젖꼭지가 너덜너덜해져서 피가 났기 때문에 모유를 줄 때마다 두려웠고, 하룻밤이라도 제대로 잠을 자기 위해 내가 가진 모든 것을 주려고 했다. 어느 날 아이는 울고 또 울었다. 나는 온갖 노력을 다 했지만, 아이는 울음을 멈추지 않았다. 나는 갑자기 아이를 아래층으로 던지고 싶은 강한 충동을 느꼈고, 아이의 끊임없는 울음을 그치게 하려고 무슨 짓이든지 하고 싶었다. 그 느낌은 몇 초 동안만 지속됐지만, 매우 강한 것이었다. 그런 다음 나는 펑펑 울었다. 나는 두려웠고, 아이를 꼭 안아서 살살 흔들어주었고, 아이에게 미안하다고 말한 뒤에 매우 사랑한다고 말해주었다.

엄마들은 이런 일을 자주 겪으며, 아빠들조차도 때때로 이렇게 느낀다. 심지어 미국에서 가장 인기 있는 자장가 중 하나는 아이가 나무 꼭대기에서 떨어지는 장면을 묘사하고 있다. 이런 느낌이 우리에게 일어날 때 외롭고 두려울 수 있으나, 우리가 미리 알고 있다면, 이런 느낌이 주는 영향력은 대부분 약해진다. 이것을 다른 사람에게 털어놓기는 어려울지라도 우리는 자신에게 정직해야 하며, 아이를 끔찍이 사랑하는 부모도 가끔은 이렇게 느낀다는 것을 받아들여야 한다. 영아로 인해 발생하는 그 무력감은 참기 어려울 수 있다. 특히 어떻게 해야 아이가 기분이 좋아지는지를 모를 때 더 참기 어렵다. 분노나 화가 나는 것은 부모가 어쩔 줄 모르고 있으므로 아이로부터 벗어나서 부모 자신을 돌볼 시간이 필요하다는 신호가 될 수 있다. 자기 자신의 요구에 주의를 기울이고 있다고 부모가 느낀다면, 아이를 향한 사랑을 부모가 다시 회복하는 것은 훨씬 더 쉬울 것이다.

물론 이런 부정적인 느낌이 더 걱정스러워질 때가 있으며, 자신의 아이를 실제로 해칠 수 있다고 느끼는 사람은 자신의 근심을 즉각 다른 사람과 공유하고 필요한 지원을 받을 필요가 있다. 그러나 가끔씩 자신의 아이를 향해 폭력적이고 공격적인 충동을 가진다고 아이에 대한 사랑이 바뀌는 것은 아니다. 느낌은 행동과 같지 않다. 한나에 관한 이야기에서 보듯이, 부모가 아이에 대한 부정적인 느낌을 깊숙이 느끼도록 스스로 허락한다면, 이와 같이 깊은 관계를 가지고 있든지 없든지 관계없이, 부모가 아이를 사랑하는 느낌이 얼마나 강렬한지를 음미하도록 도와줄 수 있다.

출생 후 6주에 발생하는 중대한 일

태어날 때는 철저하게 무력했던 영아는 대개 6주가 지나갈 무렵에 훨씬 더 튼튼한 아이로 변하고, 주변 환경을 더 잘 파악하며, 세상이 자기에게 주는 것으로부터 더 많은 평안함을 느끼고 심지어 즐길 수 있게 된다. 아이는 처음으로 진정한 웃음을 띠게 되며 이때 부모는 큰 기쁨과 자부심을 느끼게 된다. 샘은 다음과 같이 기억한다.

0~1세 자녀 이해하기

나는 행복이 분수처럼 넘쳐나던 때를 기억한다. 내가 아이를 보고 미소 지을 때 아이도 나를 보고 웃어주었다. 내 인생에서 그렇게 순수한 기쁨과 흥분을 느낀 적이 없었다. 나는 끝없이 가슴이 설레었다. 그것은 사랑에 빠지는 것과 같았다.

극소수의 부모만 첫 6주가 될 때 조용하면서 지극히 행복한 시간을 가지게 되며, 대다수의 부모는 열정과 불안의 소용돌이를 경험한다. 6주가 지나갈 무렵에 대다수의 엄마는 바깥세상으로 나갈 준비가 되었다고 느낀다. 즉, 더 이상 하루 종일 임부복을 입지 않아도 되며, 밖으로 나와 보건소나 병원에 정기적으로 방문하기 시작하고 다른 엄마들을 만나고 싶어 한다. 혼돈은 사라지고 어떤 정형화된 일상이 나타나기 시작한다. 부모는 아이의 기분과 선호, 짜증을 잘 내는 시간대, 좋아하는 활동 등에 대해 좀 더 확신을 가지고 말할 수 있다.

아이가 혼자 고개를 가눌 수 있고, 자신을 돌봐주는 사람을 알아볼 수 있고, 젖이나 젖병 또는 엄마의 목소리를 향해 고개를 돌릴 수 있다. 감각 기관이 발달하여 주변에서 나는 소리나 빛을 감지할 수 있고, 모유 먹을 시간을 알 수 있고, 모유 먹는 것을 즐기고, 모유를 주는 사람과 기쁨을 나눌 수 있다. 사람들이 자기에게 집중하고 자신은 세상의 한 부분에 속한다는 것을 알 수 있다면, 많은 부모들은 이렇게 성장하는 아이를 알고 사랑하게 되고 또한 아이로부터 사랑을 받게 되는 것에서 나오는 기쁨과 흥분을 만끽하게 된다.

제3장

3~6개월

understanding

새로운 기술과 새로운 느낌

아이의 발달에서 중요한 다음 단계는 3개월 무렵에 나타난다. 이때부터 아이는 훨씬 더 많은 통제를 느끼기 시작한다. 아이는 자신의 몸을 가지고 노는 것을 더 좋아하며, 손과 발이 있다는 것을 알게 되고, 손을 뻗쳐 사물을 만지거나 붙잡으며, 소리와 얼굴 표정을 실험한다. 출생 후 첫 몇 주 동안 아이는 주로 입과 눈을 통해 사물을 파악한다. 화가 날 때 아이는 불빛, 장난감, 다른 사람의 눈을 자신의 눈으로 바라보면서 또는 사물을 입에 물고 있거나 빨면서 위안을 얻는다. 일단 아이가 손으로 사물을 잡을 수 있다면, 상당히 오랜 기간 동안 손에 잡히는 것은 모두 입으로 가져갈 것이다. 이때부터 세상을 적절하고 자세하게 살필 수 있으므로 새로운 의미를 지니게 된다. 예쁜 장난감을 받거나 상냥한 얼굴을 보면 3개월 된 아이는 손을 뻗으려고 생각하기 전에 벌써 침을 흘림으로써 그것에 대한 열정을 보여줄 것이다.

생후 3개월부터 아이는 실속을 챙길 줄 알고 상당히 통합된다. 더 이상 자신의 욕구가 충족되느냐 되지 않느냐에 따라 무기력하게 압도당하지 않으며, 세상을 탐험하기 위한 준비를 한다. 이 시기가 되면 농담, 놀이, 대화 등이 가능해진다. 이 시기에 아이가 당신을 보고 웃을 때 그 미소는 이전과 전혀 다르다. 아이는 자기 자신을 하나의 인간으로 보고, 부모를 진짜 인간으로 인정하게 된다. 아이가 세상을 점점 더 많이 알게 되고, 자신의 삶의 방식과 패턴을 형성하는 데 도움이 되는 친숙한 경험을 즐기기 시작하는 것을 보면 매우 신기하다.

수유 : 모유와 분유

모유를 먹이던 엄마는 대개 이 시기에 이르면 분유를 먹인다. 아마도 직장으로 복직하거나 미미하더라도 자유를 얻기 위해 또는 모유 수유를 좋아하지 않기 때문에 그렇게 한다. 어떤 엄마는 모유 수유를 더 좋아하게 되고, 아이와 엄마 모두 훨씬 더 평안해진다. 분유를 먹였던 엄마는 대부분 아이가 훨씬 더 규칙적으로 먹는다는 것을 알게 되어, 언제 분유를 먹일 것인지 예측하기 쉬워져서 분유 먹이는 일이 오히려 재미있어진다. 수유 과정에서 아이의 체중이 충분히 늘지 않는 것에 불안해할 필요는 없다.

다른 성격

아이의 기질과 성격은 수유에 대한 태도에서 그대로 나타난다. 수유할 때 발생하는 관계는 미래의 모든 대인관계를 위한 초석이 된다. 젖 먹는 것은 아이가 다른 사람으로부터 어떤 것(양식, 사랑, 평안)을 받아들이는 첫 실제 경험이기 때문이다. 또한 수유는 아이가 어디서 끝내고 엄마는 어디서 시작하는지를 연습하는 무대이며, 한 사람은 주고 다른 사람은 받는 것이 두 사람에게 의미하는 바가 무엇인지를 탐색하는 무대이다.

시옵한은 3개월이 되던 시기에 젖 먹는 것에 대해 걱정 없이 엄마와 떨어졌다. 다시 만났을 때 시옵한은 열정적으로 엄마의 가슴에 찰싹 붙어 젖꼭지를 찾았다. 아이는 굳은 표정으로 젖꼭지에 집중하였고, 모유가 나오자 더 세게 빨면서 눈을 감았다.

시옵한은 자기 것이 무엇인지 그리고 누릴 수 있는 것이 무엇인지 항상 알고 있었다. 그것이 나를 기쁘게 하였다. 아이의 한 손은 공중에 쭉 뻗어 있었는데, 가운데 손가락과 엄지손가락을 붙여서 맛있는 저녁식사를 표시하는 것 같았다. 아이가 "세상의 모든 것은 멈춰라. 내가 젖을 먹고 있다."라고 말하는 것처럼 느껴졌다. 그 후 아이는 만족한 듯이 온몸을 쭉 뻗고 팔을 머리 위로 들어 올리고 눈을 감았다.

시옵한은 엄마의 젖을 먹고 싶어 했고 수유를 통해 가장 큰 기쁨과 만족을 얻는 방법을 알고 있었다. 이것이 엄마에게도 큰 기쁨을 주기 때문에 엄마는 다행히 수유하는 데 있어서 참가자가 아니라 관찰자 역할을 하여도 개의치 않았다. 시옵한은 엄마의 가슴과 모유가 자기 것이고 자신만을 위한 것이라는 일종의 환상을 즐길 수 있었으며, 그 결과 엄마가 잠깐 곁에 없었음에도 불구하고 자신만의 축복받은 세상에 빠져들 수 있었다.

다른 아이들은 수유를 주고받는 거래로 여기며, 엄마와 함께 그 경험을 공유한다는 사실에 즐거워한다. 클라라는 어릴 때부터 모유와 분유를 둘 다 먹었으며, 수유하는 동안에 사랑과 믿음이 가득한 눈길로 엄마를 바라보곤 하였다.

> 내가 클라라에게 모유를 줄 때 아이는 먹기 전에 잠시 동안 나를 바라보며 미소를 지었다. 젖을 먹을 때 클라라는 주로 나에게 시선을 고정하며, "감사합니다."라고 말하는 것처럼 보였다. 조금 더 자란 뒤에 클라라가 모유를 먹고 있는 동안에 내가 다른 자식들과 대화를 시작하거나 텔레비전을 보려고 하면, 클라라는 젖 먹는 것을 멈추고 내가 다시 자신에게 관심을 줄 때까지 기다렸다.

때때로 젖 먹는 아이는 열렬하고 사랑에 푹 빠진 어린 연인과 같으며, 3개월 된 아이가 엄마의 가슴을 보고 너무 흥분한 나머지 요란한 손짓을 하다가 자신의 얼굴을 철썩 때리기도 하는 것처럼 때때로 아이는 꽤 우스꽝스럽게 보일 수 있다. 어떤 아이는 소유욕이 강하여 독점하려고 하고, 어떤 아이는 망설이면서 쉽게 식욕을 잃어버린다. 이 기간 동안의 수유는 여전히 아이에게 중요한 경험이다. 수유관계를 통해 아이는 젖을 받아들이는 것뿐만 아니라 젖으로 표상되는 풍부한 인생 모두를 받아들인다. 친밀한 수유관계를 통해 아이는 세상이 제공해주는 것을 알게 되고 다른 사람과 친밀해지는 것이 무엇을 의미하는지를 배우게 된다.

모유를 거부하는 아이

물론 이 시기에 수유는 상당히 성가신 일이 될 수도 있다. 간혹 모유 수유를 잘 하던 아이가 이 시기가 되면 갑자기 가슴을 멀리하기도 한다. 이로 인해 엄마는 크게 실망할 수도 있다. 칼라의 아들인 벤은 처음 3개월 동안은 모유 수유를 잘하였으나 갑자기 외면하고, 젖을 물려줄 때마다 울었다.

> 벤은 젖꼭지를 보자마자 울었다. 그는 짜증이 난 것 같았고 모유를 먹고 싶어 하지 않았고, 모유를 주려고 할 때마다 고개를 돌려버렸다. 이것은 가슴 아픈 일이었다. 나는 아이와의 관계에서 봉변을 당했고, 우울해졌다. 그리고 내가 이전과 달라진 점이 있어서, 아이가 그것을 싫어하고, 나에게 다가오기를 싫어한다는 생

68

각을 멈출 수가 없었다.

모유 수유는 친밀한 관계의 한 부분이기 때문에 아이가 모유를 거부할 때 엄마는 자기 자신이 거절당했다고 느낄 수 있다. 특히 다른 이유 때문에 엄마가 나약해졌을 때는 더욱 그렇다. 이렇게 되면 엄마는 다시 자신감을 회복하기가 어려워질 수 있다. 우리가 할 수 있는 일이란 오직 벤에게 무엇이 잘못되고 있는지 추측하는 것뿐이다. 어쩌면 처음부터 벤은 신체적으로 불편했거나 수유를 싫어했을 수 있다. 어쩌면 벤은 엄마의 기분이 바뀐 것을 알아채고, 그것 때문에 엄마를 외면하고 싶을 만큼 화가 났을 수도 있었다. 어쩌면 벤은 어려운 난관을 겪고 있으며, 모든 삶이 잘못되고 있다고 느끼고, 이 모든 잘못이 엄마 탓이라고 느낄 수 있다. 사실 3개월 된 아이가 '인생'과 '엄마'를 분리해서 생각하기란 쉽지 않다. 이런 이유들 중 어느 것이라도 벤이 불안이나 화를 느끼게 만들었고, 이런 나쁜 감정을 유발한다고 여겨지는 어떤 것을 벤이 거부할 필요를 느끼게 만들어서 벤으로 하여금 수유를 외면하도록 유도할 수 있다.

부모는 아이에게 최선을 다한다고 생각할 때조차도 때때로 아이가 부모를 '나쁜 사람'으로 보는 것을 지켜보고 있기란 매우 어려운 일이다. 이것이 부모가 직면하는 다양한 난관 중에서 가장 어려운 일이며, 이것을 얼마나 잘 견뎌낼 수 있느냐는 그 당시에 부모가 얼마나 강하게 느끼느냐에 달려 있다.

벤이 모유를 먹지 않으려고 하는 이유가 무엇이든지 상관없이 그로 인해 엄마가 죄책감과 책임감을 더 많이 느낄수록, 양측 모두 화난 감정을 풀고 수유관계를 회복하는 일이 더 어려워진다는 것은 분명하다. 1주일이나 2주일이 지난 뒤에 벤에게 다시 모유를 주기 시작할 때에 칼라는 친구에게 이것을 털어놓았으며, 누군가에게 자신의 불안을 말하는 것이 큰 위안을 준다는 것을 발견했다.

나는 거의 포기하고, 약간 공황 상태에 빠졌었다. 내 생각에 우리 둘 다 두려웠던 것 같다. 이것을 완전한 재앙으로 보지 않는 누군가에게 이것에 대해 말하는 것이 나는 좋았다.

제삼자로부터 받은 약간의 격려로도 칼라와 벤은 문제를 해결할 수 있었다. 칼라는 모유를 주려고 했지만, 벤은 며칠 동안 계속 모유를 거부했다. 그러나 칼라는 거부당한다는 느낌을 덜 받았고, 얼마 지나지 않아서 벤은 다시 모유를 먹기 시작했다. 만약 벤이 젖을 외면함으로써 자신이 느끼는 좌절이나 분노를 엄마에게 전하고자 했다면 엄마가 그런 감정을 참아주었고 벤이 다시 모유를 먹을 것이라는 확신을 가지고 계속 모유를 주었기 때문에 벤은 틀림없이 안심했을 것이다.

이유식 시작하기

앞에서 아이의 성격에 따라 모유 수유와 분유 수유가 어떻게 달라지는지를 살펴보았다. 다음 단계는 처음으로 이유식을 시작하는 중요한 단계이며, 완전히 새로운 느낌과 반응이 일어난다. 심지어 이과정을 시작하기 전부터 언제 이유식을 시작하느냐에 대해 상당히 논의해야 한다. 이 과정은 심지어 정서적인 문제를 야기할 수도 있다. 부모들은 주로 6개월 전후에 이유식을 시작하려고 한다. 이것은 아이가 언제 신체적으로 준비되느냐는 것뿐만 아니라 언제 정서적으로 준비되느냐에 관한 질문이지 언제 엄마가 준비되느냐에 관한 질문이 아님은 분명하다.

때때로 이유離乳에 대한 불안은 아이에게 무엇을 대신 주느냐에 관한 걱정에서 나오며, 음식에 관한 위생과 한입씩 먹는 음식의 영양에 관한 우려를 높인다. 아이의 영양 섭취를 모유 한 가지에 의존하는 것은 세상에는 아이가 먹을 수 있는 것(또는 독이 들어 있는 것)이 많이 있는지 또는 엄마의 젖으로부터 떨어지는 것이 괜찮은 것인지에 대한 불안을 더 증가시키는 것 같다.

아이의 인생이 새롭게 전개됨에 따라 이유는 즐거움과 동시에 상실을 가져다준다. '이유'라는 단어는 '익숙해지다'와 '벗어나도록 격려하다'라는 두 가지 의미를 가진다. 이런 이중 의미는 고형식을 시작함으로써 얻는 것과 잃는 것이 있음을 의미한다. 새로운 것을 시도하는 것은 이전에 익숙하던 관계가 사라지는 것을 의미하며, 성장과 분리에 대한 강한 감정을 부추길 가능성이 높다. 그리고 부모 역시 어떤 부분을 포기해야 한다. 아이는 더 이상 엄마에게 안겨 모유를 먹는 어린아이가 아니다. 아이는 약간 떨어져서 무릎이나 의자에 앉아서 먹을 준비가 되어 있으며, 이것은 관심 받아 마땅한 중요한 변화이다.

그러나 이때가 흥미 있는 시기이기도 하다. 예를 들어, 이제까지 아이에게 모유를 수유했다면, 이제야 아빠나 형제자매가 아이에게 밥 먹이는 것을 도울 수 있게 된다. 해리는 셋째 아들이며, 형들은 해리가 이유식을 할 때까지 무척 기다려왔다.

우리 집에서 해리가 처음 쌀밥을 먹은 일은 축하를 받을 만큼 즐거운 것이었다. 갑자기 모든 사람이 해리의 식사에 참여하게 되었고, 두 형들은 서로 숟가락을 들고 있고 싶어서 다툴 지경이었다. 형들은 아이가 자기들과 비슷해지고 더 이상 엄마의 품에만 있지 않아서 좋아했다. 그러나 나는 약간 슬픔을 느꼈다. 해리는 더 이상 나만의 아이가 아니었으며, 이전과 같지 않았다. 해리는 자기의 길을 가고 있었다.

또한 이런 낯선 새로운 세상에 대해 아이마다 다르게 반응한다. 예를 들어, 몰리는 이유식을 매우 맛있게 먹었으며, 곧바로 숟가락을 잡으려고 시도하였고, 이유식을 기다려왔다는 듯이 가능한 많이 먹으려고 하였다. 몰리에게 있어서 가장 힘든 일은 한 숟가락 먹을

72

때마다 숟가락이 사라진다는 것이었으며, 그때마다 몰리는 당황하고 화를 냈다.

그러나 빨리 자라라고 형들이 애타게 기다렸던 해리는 상당히 달랐다.

이유식을 할 때가 되었을 때, 해리는 우리를 미친 사람처럼 쳐다보았다. 그는 숟가락을 갑자기 자기 입을 이상한 물질로 가득 채워넣는 외계인의 물건처럼 보았다. 입에 들어간 것을 대부분 그대로 뱉어냈고, "그것은 내가 주문한 것이 아닙니다!"라고 말하는 것처럼 보이는 해리의 곤혹스런 얼굴을 잊을 수가 없다. 해리는 오랫동안 이유식을 이해하지 못했다.

어떤 아이는 새로운 것을 하는 데 익숙해지고 새로운 맛과 느낌에 관심을 가지게 하기 위해서는 약간의 격려를 받아야만 한다. 아마도 해리는 엄마처럼 뭔가를 잃어버렸다고 느꼈으며, 이런 느낌 때문에 자신에게 다가오고 있는 모험을 시작하기 전에 약간의 시간이 필요했을 것이다.

모든 새로운 도전이 그렇듯이 모든 것을 한번에 처리하는 것은 어렵고, 다음 단계로 성장하는 것을 어떻게 다루느냐는 우리의 성격에 크게 의존한다. 해리는 이유식으로 진행하는 것을 기존에 자신이 잘 알고 사랑하던 것을 포기하는 것으로 인식했다. 즉, 해리는 그렇게 쉽게 다음 단계로 성장해도 되는지 확신이 없었던 것이다.

다음 단계로 발달할 때마다 느끼는 안도, 기쁨, 자부심은 종종 후회, 슬픔, 상실도 동반한다. 그러나 이제 아이에게 밥 먹일 때 다소 멀리 떨어져 있을 수 있으며, 새로운 방식으로 아이와 경험을 공유할 수 있다. 이제 새로운 차원의 과정을 겪게 된다. 즉, 부모와 아이는 새로운 도구를 사용하고, 무엇이 맛이 있고 없는지를 새롭게 발견하고, 음식을 주고받아 먹는 방법을 함께 경험할 수 있는 공간을 갖게 된다.

더 오랫동안 떨어져 있기

이유식을 하는 것은 엄마나 아빠와 아이 사이에 밀착되어 있던 초기 관계를 크게 변하도록 만든다. 새로운 자신감과 기술을 획득한 아이는 이제 세상 속으로 새롭게 진출할 수 있다. 엄마와 아이의 관계에서 배타성이 다소 줄어들었으며, 초기의 밀착 관계는 다소 느슨해졌다. 그러나 상호 간에 주고받는 즐거움과 새로운 경험을 공유하는 범위는 끝없이 확장되었다. 따라서 엄마와 아이는 서로 멀어지는 것만큼 가까워지는 것으로 느낄 수 있다.

태어난 지 몇 개월 된 아이는 이제 점점 더 멀어지는 것에 대해 훨씬 더 많이 주의를 기울일 수 있으며, 자기가 유심히 볼 것을 선택할 수 있다. 이제부터 까꿍 놀이도 가능하며, 아이는 형제자매, 장난감, 부모, 심지어 애완동물이 왔다 갔다 하는 것에 더 많이 흥미를 느끼며 의미 있는 것으로 여기게 된다. 엄마, 아빠, 형제자매, 할아버지와 할머니를 알아보고 고마워할 수 있게 될 무렵부터 아이는 자신의 감정도 더 잘 알아차릴 수 있게 된다. 아이는 마음을 더 집중할 수 있게 되며, 어떻게 느끼는지를 이해하려고 노력한다.

3개월 된 에마는 자기가 좋아하는 동물 모양의 모빌을 보면서 하나의 특정한 동물이 보였다가 다시 사라지는 것을 유심히 보고 있었다. 그 동물이 나타날 때마다 에마는 즐거워하며 희색이 만연해지다가, 그것이 눈에서 사라지면 에마는 짜증을 내고, 다리를 버둥거리며, 항의를 하였다. 에마는 모빌을 이용하여 나타났다 사라지는 것에 대한 감정을 표현하고 탐색하는 것 같았다. 또한 자기가 좋아하는 것과 자기를 화나게 만드는 것에 대한 감정도 표현하는 것 같았다. 이 단계에서조차도 아이는 자신의 감정을 다루기 위해 놀이를 이용한다.

잠자기

처음 몇 달 동안 대부분의 부모는 밤에 자야 한다는 것을 아이에게 가르쳐주기 위해 무척 애를 쓴다. 비록 이것이 어느 정도 성공적이었다고 하더라도 여전히 많은 부모들은 잠자는 시간의 문제에 사로잡혀 있다. 잠자는 것도 분리와 관련이 있으며, 아이의 정서적 문제가 될 수 있는 것처럼 부모에게도 정서적 문제로 발전할 수 있다.

처음에 많은 부모들은 이 시기의 어느 시점부터 잠자는 시간에 변화를 주기로 결정하며, 아마도 아이를 요람이나 자기 방에서 재우려고 한다. 이것은 부모가 아이와의 사이에 새로운 경계선을 만들고 싶은 충동에서 나온 것일 수 있으며, 여러 번의 타협과 재협상이 이루어져야 정착될 수 있다. 부모가 그런 경계선을 만들 때, 아이가 어떻게 느끼는지를 부모는 매우 잘 알고 있으며, 또는 어떻게 느끼게 될 것인지를 생각할 수 있다. 모든 종류의 반응을 아이 탓으로 돌리는 것은 너무나 쉬운 일이다. 그러나 이것은 아이의 성격만큼이나 부모의 성격에서 기인한 것일 수 있기 때문에 아이의 탓만으로 돌릴 수 없다.

수와 딜란은 첫 아이인 매튜를 4개월이 될 때까지 침대 옆에 있는 요람에서 재웠다. 매튜는 잠을 매우 곱게 자는 아이였으며, 밤에 모유를 먹일 필요가 없었다. 그러나 수는 매튜를 곁에 두고 함께 잠을 자는 것이 무척 힘들었으며, 아이가 조금만 움직이거나 코가 막혀서 소리를 내어도 잠을 깼다. 수와 딜란 모두 밤에 매튜와 떨어져 있는 시간과 공간이 조금이라도 필요하다는 것을 느꼈다. 이들은 최근에 이사를 하였고, 매튜를 재우는 방은 여전히 허름했다. 매튜를 그 방으로 옮긴 첫날밤에 수와 딜란은 3번이나 잠에서 깼고, 심하게 짜증이 났고, 매튜를 다시 재우는 것이 무척 힘들었다.

그 이후 몇 주 동안 이런 일이 계속 일어났고, 수와 딜란은 크게 실망하여, 매튜가 갑자기 잠을 잘 자지 않는 까닭을 알 수가 없어서 당황했다. 매튜는 최근에 이유식을 시작했고, 수와 딜란은 이로 인

0~1세 자녀 이해하기

해 매튜가 혼란스러워 잠을 잘 자지 않게 된 것으로 생각했다. 둘이 이 문제에 대해 이야기 나누는 동안에 두 사람 모두 죄책감을 느끼고 있으며, 매튜를 부모의 방이 아닌 다른 방으로 옮긴 것에 대해 걱정을 하고 있었음을 알게 되었다. 두 사람 모두 매튜를 생각할 때마다 화가 났었고, 매튜가 사랑받지 못하고 버림받았다고 느끼는 것이 틀림없다고 생각했다. 엄마인 수는 새 방을 싫어했고, 밤에 매튜에게 모유를 먹이는 동안에 초라한 벽을 보면서 비참한 느낌을 받았다고 실토했다.

아마도 부모들은 매튜를 방에서 추방한 것에 대한 죄책감이나 다른 나쁜 감정을 가지게 되고, 부모의 이런 감정이 매튜의 반응에 영향을 주었음을 실제로 보여주는 일일 것이다. 만약 부모들이 매튜의 방이 좋다고 믿지 않았다면, 매튜가 그 방을 좋아하게 만들 기회를 충분히 가지지 못했을 것이다. 수와 딜란이 자신들의 불안과 새 방으로 옮겨진 매튜가 얼마나 혼란스러웠을지에 대해 서로 이야기를 나눈 뒤에, 딜란은 매튜의 침대 위에 사진 2장을 붙여주었고, 두 사람은 조금 진정되는 것을 느꼈다. 이제 부모는 한시름 놓게 되었으며 매튜를 새 방에서 재우기 훨씬 쉬워졌다. 이틀 밤 동안 매튜는 한 번도 깨어나지 않고 푹 잤으며, 부모들은 안방을 자신들만의 공간으로 되찾게 되었다.

사진 2장 그 자체가 특별히 중요한 의미를 지니는 것이 아님은 분명하지만, 아마도 사진 2장은 부모의 모습을 담고 있기 때문에 매튜에게 중요한 것일 수 있다. 사실 이런 새로운 발달은 매튜에게 상

실만 주는 것이 아니라 진정한 혜택이 될 수도 있다. 새로운 분리에 대한 감정이 아이로부터 야기되는 것인지 부모로부터 야기되는 것인지 완전하게 분간하는 것은 거의 불가능하다. 아마도 그런 감정은 항상 아이와 부모 모두로부터 야기될 것이다. 그러나 부모 자신의 감정이 어디서 아이의 감정을 지각하지 못하게 가로막을 수 있는지를 분간하려고 노력하는 것은 도움이 될 수 있다. 아이가 직접 경험을 통해 스스로 찾아내야 할 것이 많다. 그중에 한 가지는 부모로부터 점진적으로 떨어지면 슬픔이나 외로움을 느끼게 될 수 있지만, 반대로 새로운 기회와 기쁨을 제공받을 수도 있다는 것이다.

통제된 울음

부모의 관점

대부분의 부모들은 아이를 내려놓고 한동안 울다가 지쳐서 잠들도록 내버려두는 것의 좋은 점과 나쁜 점에 대해 궁금해한다. 사람들은 이렇게 하는 것을 냉정한 말로 '통제된 울음'이라 부른다. 분리가 일어나는 곳이 매우 많으므로 이로 인한 감정도 격해진다. 어떤 사람들은 아이를 냉담하게 '통제'하고 울다 지쳐서 잠들도록 내버려 두는 것에 소름이 돋지만, 다른 사람들은 다른 극단으로 치달으면서 밤새도록 아이를 안고 달래는 부모를 대책 없이 관대한 사람, 우는 아이에게 곧바로 달려가고 싶은 자신의 욕구를 통제하지 못하는 사람, 그래서 '화를 좌초하는' 사람으로 여긴다. 각 진영의 사람들은 상대방을 의심의 눈초리로 바라보지만, 아마도 자기 자신도 약간은 의심하는 것 같다. 부모들은 이것을 고쳐야 한다고 느끼고 있지만, 대개 이 모든 것이 아이에게 무엇을 의미하는지는 알지 못한다.

이것은 매튜를 새 방에서 재우기 시작할 때 무슨 일이 일어났는지를 되돌아보게 한다. 부모가 매일 밤 매튜를 아이 침대로 데리고 가면서 느꼈던 느낌을 매튜도 같이 느꼈을 가능성이 있다. 그래서 부모가 아이를 아이 침대에 눕히고, 잘 자라고 뽀뽀하고, 말을 해줄 때 숨겨진 다른 것도 전달되고 있음이 틀림 없다. 아마도 부모가 마음속 깊이 품고 있는 감정에 관한 메시지가 아이에게 전달되는 것 같다. 만약 이것이 사실이라고 부모가 믿는다면, 통제된 울음이 효과가 있느냐 없느냐에 관한 모든 질문은 통제된 울음 자체의 장점에도 달려 있는 것만큼 부모의 성격과 분리에 대한 부모의 감정에도 달려 있다. 부모가 확신을 가지고 자기 일을 하고 있으며, 분리되는 것이 통제될 수 있음을 부모가 믿고 있다는 것을 아이에게 확실히 보여줄 수 있다면, 이런 방법이 훨씬 더 효과적으로 작동한다. 그러나 말은 쉽지만 이것을 행동으로 실천하는 것은 어렵다.

많은 부모들은 밤보다 낮에 자신들의 불안을 더 잘 다룰 수 있다. 어떤 부모들은 자신이 아이였을 때 어둠이 무서웠고, 악몽을 꾸고, 외로움을 느꼈고, 혼자 있을 때 불안했던 것을 기억하고 있다. 그리고 많은 부모들은 아이가 밤에 까다로워지고 불안해지면, 낮에 효과적으로 썼던 방법으로는 아이를 달래기 힘들다는 것을 알게 된다.

샐리는 혼자서 딸 티아를 키우고 있었다. 샐리는 자신의 침대에서 티아를 재우는 것이 좋았다. 밤새도록 곁에 있을 수 있고 또 쉽게 달랠 수 있었기 때문이었다. 그러나 티아가 5개월이 되었을 때, 샐리는 티아를 아이 침대에서 재우기로 결심하였다. 티아는 별로 좋아하지 않았고, 아이 침대에 눕힐 때 화가 나서 울었고, 엄마 옆으로 되돌아갈 때까지 더 고통스러웠다. 티아의 그런 반응이 샐리의 마음을 아프게 만들었지만, 샐리는 결심을 해야 한다고 느꼈고 끝까지 밀고 나가야 한다고 생각했다. 통제된 울음은 현명한 생각으로 여겨졌다. 그러나 밤이 다가오고 티아가 더 심하게 울자, 샐리는 참을 수 없다는 것을 알게 되었고, 이런 악몽 같은 상태에 티아를 계속 내버려둔다면 티아의 인생에 상처를 입힐 수 있다고 확신하게 되었다. 샐리는 어쩔 수 없이 티아가 좋아했던 자신의 침대로 티아를 데려와야겠다고 생각했다. 샐리는 실패했다는 느낌을 받았고, 이것이 얼마나 어려운지에 대해 아무도 말해주지 않았다는 것에 화가 났다.

이런 장면은 흔히 있는 일이다. 밤에 우는 아이를 다루는 것은 모든 부모가 가장 힘들어하는 일 중 하나이며, 자기 자신을 관리하는 것보다 더 어려운 일이다. 엄마와 아빠가 피곤 때문에 서로에게 화풀이만 하지 않는다면 서로 도움을 줄 수 있는 잠재력을 가지고 있으며, 난기류 속에서 서로를 붙잡아줄 수 있다. 그러나 배우자의 도움을 받을 수 있다고 하더라도 오직 아이를 안아주거나, 함께 자거나, 별도의 젖을 주어야 진정시킬 수 있다는 것을 알면서도 그렇게

0~1세 자녀 이해하기

하지 않고 아이가 우는 것을 보기만 하는 것은 자연스럽지 못하며 우리의 직감과도 반하는 일이다.

이미 살펴본 것처럼 대부분의 아이들은 자신의 감정에 경계선을 설정할 때 도움이 필요하다. 아이는 자신에 관해 매우 기초적인 것만 알고 있으며, 새로운 단계에서 접하는 분리를 받아들일 준비가 되어 있는지 아닌지를 알 수 없다. 다만, 분리를 받아들일 수 없다고 스스로 믿고 있을 가능성이 있다. 부모로서 우리는 아이가 무엇을 할 수 있는지를 아직 모르고 있다. 그러나 우리는 자신의 경험을 이용하여 성장하고 있는 아이의 강점에 관한 장기적인 안목을 가지고 있다. 울고 있는 아이 특히 한밤중에 울고 있는 아이의 감정을 알아차리지 못한다는 것은 어렵기 때문에 부모는 아이의 관점에 사로잡히게 되어 부모 자신의 관점을 놓치게 된다.

샐리는 결국 순회 보건소 직원에게 자문을 구하였고, 한밤중에 아이가 우는 것을 다루기 위한 점진적인 체제를 소개받았다. 샐리를 구원하기 위한 이 체제는 각 단계에서 아이를 달래고 다시 안심시킬 수 있는 방법을 담고 있다. 여기에는 엄마의 침대에서 잠자는 것을 허락하지 않는다는 원칙을 지키면서도 아이가 감당할 수 없을 정도로 긴 시간 동안 혼자 내버려두지 않아야 한다는 원칙도 포함된다. 보건소 직원의 도움을 받으면서 샐리는 티아의 요구에 "안 돼."라고 말하는 것에 대해 그렇게 가혹하다는 느낌을 받지 않았고, 티아도 마침내 새로운 규칙을 받아들였다. 그러나 이것으로 싸움이 완전히 끝난 것은 아니었다.

때때로 부모는 아이를 위해 성숙한 사람이 되어야 한다. 즉, 아이는 절망하고 두려움에 떨 수 있다는 것을 충분히 이해하면서도 부모 자신은 절망하거나 두려워하지 않음을 아이에게 보여주어야 한다. 이렇게 하는 것은 어렵고 대부분의 부모는 외부의 도움을 받아야 하지만, 이렇게 하면 정말 큰 효과가 발생할 수 있다. 모든 사람이 이런 아이 같은 감정을 가지는 것이 아니며, 부모가 두려워하는 것이 없으며, 모든 일이 나아질 것이라는 진정한 신념을 가지고 있다면, 분리가 일어나는 시기에 부모와 아이가 갖게 되는 불안을 더 쉽게 다룰 수 있다.

아이의 관점

부모인 우리가 아이의 관점에서 전체 과정을 상상해본다면, 몇 분 동안만이라도 아이를 울게 내버려둔 것이 아이에게 큰 충격이라는 것을 알게 된다. 분노를 느껴서 엄마가 자신을 안아주고, 모유를 주거나 흔들어주기를 원하는 아이는 엄마가 걸어 가버리면 강하게 반발하기 쉽다. 개인의 성격과 관계의 형태에 따라 다를 수도 있지만, 대개 아이는 분개하고, 화를 내고, 공황 상태에 빠지고, 당황하게 되며(여러 가지 감정이 동시에 발생할 수도 있음), 나쁜 일이 틀림없이 일어나게 된다. 시간은 계속 흘러가고 엄마가 여전히 돌아오지 않으면 이런 나쁜 감정은 더 커진다.

만약 부모가 아이를 잠깐만 혼자 있게 한다면, 아이는 그런 상황을 수습하기 위한 자원을 자기 자신에게서 찾는 일을 조금씩 시작한

0~1세 자녀 이해하기

다. 출생 후 초기에 아이는 엄마가 아주 잠시 동안만 곁에 없어도 곧바로 공황을 느낀다. 그리고 엄마가 옆에 다시 나타난 뒤에서야 모든 것이 다시 정상으로 되돌아왔다고 느낀다. 출생 후 몇 개월이 지나면 아이는 엄마가 없는 동안에도 조금 더 나은 느낌을 가질 수 있음을 점진적으로 확인하게 된다. 너무 갑작스럽게 혼자 남겨지지 않는 한, 아이는 이것을 이겨내기 위해 자기 자신의 사고와 기억을 이용한다.

아이는 고통의 첫 신호가 있을 때 부모가 나타나주기를 원하며, 즉각적인 위안과 만족을 채워주는 무언가를 부모가 해주기를 원한다. 그러나 부모가 가까이에 있으며, 자신의 화난 감정을 혼자서 해결하도록 너무 오랫동안 방치하고 내버려두지 않을 것이라고 안다면, 아이는 비록 부모가 곁에 없어도 스스로 자신을 위안할 수 있는 방법을 찾을 수 있다. 이것은 한순간에 이루어질 수 없으며, 때때로 아이는 무섭고 혼자서 해결할 수 없다고 느낀다. 그러므로 부모는 아이의 감정에 민감해지고 아이의 감정을 공감해야 하며, 필요하다면 가능한 자주 아이와 다시 만나야 한다. 또한, 모든 것이 정상적이고, 부모가 곁에 있으며, 나쁜 일이 전혀 일어나지 않는다고 안심시켜주어야 한다. 대부분의 부모는 절망적이거나 공황 상태에 빠진 울음과 성나거나 항의하는 울음을 분별할 수 있으므로, 아이는 자기가 울면 엄마나 아빠가 곧 다가올 것이라는 것을 재빨리 배운다.

만약 부모가 아이가 겪기 시작한 것을 곁에서 보고 있다는 것을 아이가 느끼고, 또 아이가 그 일로부터 곧 빠져나올 것이라는 자기 신념을 가지고 있다면, 아이는 자기 자신의 경험을 통해 이것이 사실임을 발견할 가능성이 높다. 부모가 하는 가장 어려운 일 중 한 가지는 아이들이 가끔 느끼는 고통, 분노, 외로움이 생명을 위협하는 것이 아니라는 것을 아이가 배우도록 돕는 일이다. 한밤중에 비참함과 격분으로 인해 이성을 잃었던 아이조차도 다음 날 아침에 일어나서 부모에게 환한 미소를 지을 수 있다.

발달하는 아이

출생 후 6개월이 지나갈 무렵 어떤 아이는 혼자서 앉고, 대부분의 아이는 사람이 주는 사랑의 폭, 목소리나 표현의 폭, 세상에 대한 흥미의 폭을 넓히기 시작한다. 아이들은 온 세상을 자신의 발아래에 둔 것처럼 보이며, 벌써 자만과 오만을 보여주기 시작하지만, 여전히 사랑스럽고 귀엽다. 이 시기는 아빠, 할아버지와 할머니, 누나나 오빠가 매우 좋아하는 때이며, 아이는 이들과 더 깊고 의미 있는 관계를 발전시켜, 서로가 다름에 감사하며, 다양한 기쁨과 흥미를 제공한다.

6개월 된 아이는 자신의 감정에 대해 훨씬 더 많이 알게 된다. 아이는 진심으로 화가 나기도 하고, 깊게 사랑하고 상냥할 수 있다. 그러나 초기의 원시적인 세계관이 훨씬 더 복잡하고 세련된 감정으로 발전한다. 아이는 자신에 대해 생각하기 시작한다. 아이는 혼자 있는 시간을 즐길 수 있으며, 침대에 누워서 모빌이나 창문으로 통해 볼 수 있는 풍경에 사로잡히기도 한다. 아이는 언제 배가 고프고, 충분히 배가 부르고, 엄마에게 화나고, 할머니가 좋아지고, 새로운 발견에 신나고, 혼자 남게 되면 불안해지는 것 등을 인식할 수 있다. 더 이상 낯선 일 때문에 심하게 당황하지 않고, 아무렇게나 터져 나오는 혼란스런 감정이나 일이 더 이상 저절로 일어나지 않기 때문에 아이는 자기 주변에서 안전 기지를 가지게 되며, 내부로부터 성장하는 자원을 가지게 된다. 이제 아이는 자신감과 확신으로 무장한 상태에서 세상 속으로 진군할 수 있다.

제 4 장

6~12개월

태어난 첫 해의 후반기는 아주 급변하는 시기이다. 다른 사람이 가져다주는 세계만 탐색할 수 있었던 아이는 이제 자신의 계획이나 생각을 가지고 스스로 움직이는 어린 탐험가로 변신한다. 많은 부모는 이 시기가 가장 즐거운 때라고 말한다. 아이는 습득하고 있는 모든 새로운 기술과 즐거움, 유머, 애정을 표현하는 능력을 신나게 활용함으로써 자기의 삶에 감사함을 느끼기 시작한다. 또한 이 시기의 아이는 어떤 것이 자신을 불쾌하게 만들면 그것에 매우 효과적으로 대항할 수 있다.

앞에서 언급했듯이, 아이가 어릴 때에는 부모의 정서와 아이의 정서가 서로 밀접하게 얽혀 있어서 누구의 정서인지를 구별하는 것이 실질적으로 불가능하다. 즉, 각자는 서로에게 강하게 영향을 준다. 이제까지 아이는 자기 자신의 감정에 대해 많이 배웠고, 자기 주변에 있는 사람들도 역시 그들의 감정을 가지고 있음을 아는 능력을 발달시켰다. 아이는 부모의 감정에 대해 아는 바가 전혀 없이 부모의 심리 상태로부터 깊은 영향을 받아왔다. 이제 아이는 자신을 인간으로 보는 감각을 가지게 되었으며, 다른 사람의 기분과 행

0~1세 자녀 이해하기

동을 관찰하고, 배우고, 생각하는 것을 매우 천천히 시작하고 있다. 이 단계에서 아이는 훨씬 더 복잡하고, 도전적이고, 보상적인 관계를 맺게 된다.

더 통합되는 아이

초기 영아의 강렬하고 극단적인 마음 상태는 기복이 심하므로 아이의 첫 1년뿐만 아니라 그 이후로도 영향을 계속 받을 것이다. 그러나 지극히 단순하고 극단적이었던 아이의 지각 능력은 이미 변하였고, 아이는 이미 자신에 대한 상을 형성했다. 태어난 첫 해의 후반기에 아이는 자신의 생각과 감정을 통합하는 능력이 더 발달했으며, 자신과 타인을 더 일관성 있고 세밀하게 볼 수 있게 되었다.

자신을 새로운 시각으로 보기

먼저 아이는 자신이 느끼는 좋은 감정과 나쁜 감정을 모두 외부의 알 수 없는 힘에 의해 야기되는 것으로 지각한다. 배고프고, 지치고, 외롭고, 아플 때, 아이는 자신에게 나쁜 일이 일어나고 있는 것처럼 바라본다. 태어난 지 몇 주 밖에 안된 아이가 극심한 복통, 공황 감정, 갑작스런 배고픔에 의해 공격을 받고 있음을 느끼는 것처럼 공포에 질린 눈으로 부모를 바라보고 있는 아이를 보는 것은 드문 일이 아니다. 그러나 아이가 자신을 더 잘 알게 되는 기회를 많이 가지게 되면, 모든 좋은 감정 또는 나쁜 감정이 자기 밖에서 유래하는 것이 아님을 약하게나마 자각을 하기 시작한다. 즉, 아이는 자기 자신의 내부로부터 야기된 좋은 감정과 나쁜 감정도 있다는 것을 알게 된다. 아이는 사랑과 애정뿐만 아니라 공격성과 격노도 느낄 수 있다. 아이의 감정은 수동성이 점점 줄어들고, 반대로 점점 더 통제가능성이 높아지고 개인적인 것이 되므로 아이는 자신의 한계점, 바람직하지 못한 파괴적인 충동, 기본적인 인간성을 싸워서 이겨낼 때 다른 사람들과 조금씩 어울릴 수 있게 된다.

엄마를 새로운 시각으로 보기

아이가 자기 자신에 대해 새로운 발견을 하는 때와 거의 같은 시기에 엄마와 아빠 역시 복잡하며 완벽하지 못한 존재라는 것을 깨닫게 된다. 앞에서 다루었듯이, 거의 모든 아이는 좋은 일 또는 나쁜 일이 엄마와 서로 관련이 없는 별개의 것임을 알지 못한다. 엄마는 하나의 사람이 아니라 자신의 모든 세계이다. 엄마가 아이의 모든 세계라는 것은 아이에게 좋은 뜻이기도 하고, 나쁜 뜻이기도 하다. 즉, 엄마가 곁에 있으면서 자신이 필요로 하는 것을 주면 좋은 것을 의미하며, 엄마가 곁에 없어서 자신의 나쁜 감정을 제거해주지 못

0~1세 자녀 이해하기

하면 나쁜 것을 의미한다. 이제 점차 아이는 엄마가 자신과 별개의 존재이며, 여러 가지 성격을 가진 한 사람이라는 것을 발견하게 된다. 즉, 엄마는 사랑, 음식, 웃음을 제공하는 사람이면서 또한 싸늘하고 까칠하며 자신의 요구를 이해하지 못하는 사람이 될 수도 있다. 엄마는 같은 사람이면서도 매 순간마다 변할 수 있는 존재임을 알게 된다.

이런 발견은 아이에게 큰 도전을 안겨주며, 아이는 자신의 대인관계가 점점 더 복잡해지는 것이 상당히 고통스럽고 걱정스럽다고 느낄 수 있다. 엄마를 모든 것을 제공해주는 완벽한 존재로 보았던 아이의 환상은 사라진다. 엄마가 때때로 사라지기도 하고, 또 일이 잘못되어갈 때에는 불쾌한 존재로 바뀌기 때문에 아이는 더 이상 엄마를 완벽한 존재로 보지 않고 순수한 사랑과 헌신으로 바라보던 마음을 거둔다. 그럼에도 불구하고 아이는 엄마라는 존재를 포기하기 어렵기 때문에 완벽한 존재가 아니라 그냥 엄마로 남게 된다. 아이가 엄마를 3차원적으로 인식하는 것은 장기적으로 볼 때 좋은 일이지만, 그것 때문에 아이는 실망할 수도 있고 균형을 잃을 수도 있다. 대부분의 아이들은 일이 너무 어려워지면 이런 경험을 걸러내는 방법을 찾는다. 즉, 일이 점점 더 힘들어지면 아이들은 이상적인 엄마를 다시 마음속에서 상기해낸다.

이런 변화의 한 가운데에서 아이는 압도당하는 느낌을 받을 수 있으며, 부모가 자신을 잘 지켜주기를 원한다. 풍부한 경험과 동정심을 가진 부모는 아이에게 그런 새로운 감정을 이해하고 있음을 보여준다. 만약 부모가 확고하게 일관성을 유지할 수 있다면, 부모는 아이가 외부세계와 자신의 상상 속에서 지각하는 위험을 어느 정도 제거할 수 있음을 아이에게 보여줄 수 있다.

치아 나기

이 시기에 이르면 대부분 아이는 첫 치아가 나기 시작한다. 많은 아이들은 이가 나면 통증을 느끼고 화와 짜증을 매우 잘 낸다. 그러나 치아가 다 나는 동안에 아이는 정서적 수준에서도 재조정을 해야 한다. 이전에는 부드러운 음식만 먹었는데, 이제 자기 자신과 다른 사람이 날카롭고 공격적인 도구를 가지고 있다는 것을 알게 될 때쯤에 아이의 입속으로 딱딱하고 날카로운 물질이 갑자기 밀고 들어오는 것을 경험하게 된다. 그리고 아이에게 입은 탐색하고, 먹고, 울 때 사용하는 곳으로 매우 중요한 부분이기 때문에 이런 변화는 강하고 혼란스러운 감정을 높이기 십상이다. 빨기 충동은 사라지고, 아이는 씹는 것에 몰두하게 된다. 따라서 심각하고 걱정스런 표정을 지으면서 자신의 치아로 물건을 끊임없이 물어뜯는 아이를 종종 볼 수 있다. 이런 모든 낯설음과 불편함에 적응하기 위해서는 약간의 시간이 걸린다. 그리고 아이는 씹는 모험을 즐기면서 치아를 다양한 용도로 사용하게 된다.

외로움

아이가 엄마와 자신이 별개의 사람이라는 것을 인식하고, 처음으로 '소외되는 것'이 어떤 느낌을 주는지를 이해한다. 또한 자신이 사랑하는 사람이 자신이 모르는 다른 사람과 관계를 맺는 것에 대해 질투심을 느끼기 시작한다. 아이는 엄마가 아빠에게 예전과 다르게 말하는 것과 주목을 받고 싶을 때 부모들이 모여든다는 것을 알게 된다. 아이의 허락 없이 형제자매가 모이려면, 아이가 잠든 뒤에나 가능하다. 친구가 방문하여 자신이 이해하지 못하는 데도 불구하고 모든 사람들의 주목을 받고, 이야기하고, 웃음을 자아낸다면 아이는 강렬하게 반응할 것이다. 그리고 같이 웃거나 옹알이를 하여 자신도 참여하려고 하지만 때때로 아이는 소외되는 것에 대한 분노와 불안을 느낄 것이다. 아이는 잠잘 시간에 저항을 하거나, 밤에 잠을 자지 않으려고 하거나, 혼자 남겨지는 것을 거부하기도 한다. 아이는 손님이 오는 것을 싫어하고, 이들을 함께 놀아주는 사람이 아니라 초대하지 않은 침입자로 보기도 한다. 어떤 아이는 엄마가 누군가와 이야기를 나눌 때에 고함을 지르기도 한다.

　부모는 이런 시기에 아이가 겪는 슬픔이 이전과 다르다는 것을 안다. 아마도 부모는 깊은 시름 또는 우울을 보는 순간도 있을 것이며, 억지로 우는 소리를 듣는 순간도 있을 것이다. 이제 아이는 엄마나 아빠가 없을 때 그들을 그리워하며, 다른 사람이 오가는 것을 날카롭게 인식한다.

놀이의 중요성

아이의 정서세계에서 많은 일이 일어나는 동안에 아이는 신체적으로나 지적으로 크게 발달하고 있으며, 무한한 호기심을 실험하고 탐색하고 있다. 6~7개월이 되면 아이는 처음으로 도움을 받지 않고 혼자서 앉을 수 있게 된다. 이때 아이의 사회성 측면은 중요한 도약을 이루게 되며, 주변 세계에 대한 아이의 진정한 흥미가 발동하기 시작한다. 이 시기 동안에 아이들은 자기 앞에 있는 한 상자의 물건을 가지고 놀기를 좋아하며, 이 '보물 상자'에서 흥미를 끄는 물건을 하나씩 꺼낼 수 있다. 그리고 이 물건이 치아나 잇몸에서 어떤 느낌을 주는지를 시험하며, 물건을 이리저리로 옮겨보고, 다른 것에 넣어보기도 하며, 물건이 서로 짝이 맞는지 또는 부딪치면 소리가 나는지를 보고, 어떻게 해야 일이 일어나는지를 확인한다.

놀이는 발달하고 있는 아이에게 매우 중요한 것이다. 아이는 놀이를 통해 물건을 집어 들고, 이것을 서로 맞추어보고, 어떤 것을 다른 것의 속으로 넣어보고, 이것들을 부딪쳐서 무슨 일이 일어나는지 관찰한다. 이와 마찬가지로 아이는 다양한 느낌, 관계, 상호작용을 통해 자신만의 길을 나아가며, 일이 일어나도록 만드는 것이 무엇인지, 어떤 것이 어느 반응을 일으키는지, 사람들이 행동하는 방식에 따라 느낌이 어떻게 달라지는지를 발견한다. 사람들은 자신의 속도에 맞추어 자신에게 의미 있는 방식으로 조금씩 소화시킬 때 인생이 덜 두렵고 덜 방황한다. 예로부터 내려오는 예는 숨바

0~1세 자녀 이해하기

꼭질이다. 이 놀이는 통제하고 조절할 수 있는 상황에서 아이가 떨어졌다 다시 만났을 때 어떤 느낌이 일어나는지를 실험할 수 있도록 해준다. 다른 사람이 사라졌다 다시 나타나는 것, 큰 소리, 갑작스런 고함, 나타났다 사라지는 아이의 얼굴, 갑자기 달려드는 고양이, 예상하지 못한 사랑스러운 뽀뽀, 자신이 통제할 수 없는 혼란스런 여러 가지 경험 등을 통해 아이는 점점 어린 과학자처럼 깊이 생각해보고 문제를 해결하는 과정에서 조사하는 방법을 터득하게 된다. 이런 과정은 장난감을 가지고 하는 것과 똑같다.

외부세계로 나가기, 반응을 일으키기

6개월 이상 된 아이는 외부세계로 나가는 일이 훨씬 더 많으며, 다른 사람과 상호작용하고 싶어 한다. 그러나 부모가 곁에 있을 때 그렇게 하는 것을 더 선호한다. 아이는 말을 이해하고 자신에게 말하면서 노는 것을 시작하고, 이것이 야기하는 반응에 즐거워한다. 먼저 아이는 목소리를 흉내 내고, 나중에 '흉내' 말이나 옹알이로 옮긴다. 아이는 놀이에서 역할이 있고, 사람들에게 영향을 줄 수 있다는 것을, 어떤 일이 일어나도록 만들 수 있다는 것을 배운다. 장난감에 있는 단추를 누르거나 쌓아놓은 벽돌을 넘어뜨리는 것이 즉각적인 효과를 보이는 것처럼, 아이는 자기 주변에 있는 사람들에게 영향을 줄 수 있다는 것을 배운다. 그렇지만, 대부분 그렇게 극적인 영향을 주는 것은 아니다. 이 시기의 아이는 자기 자신이 느끼고 경험하는 것으로 놀이를 할 뿐만 아니라 다른 사람의 분위기를 알아채기 시작하고, 어떻게 하면 다른 사람으로부터 특정한 반응을 이끌어낼 수 있는지를 실험한다.

아이가 반응을 유발하는 초기의 방법은 울음이다. 영아는 아무 의도 없이 운다. 즉, 자기 주변에 있는 어른들의 행동에 영향을 주려는 의도 없이 운다. 다만, 아이는 신체적 고통 또는 고통스러운 감정을 없애고 싶다는 충동을 가지고 운다. 그러나 아이는 재빨리 우는 것은 어떤 일이 일어나도록 만들 수 있다는 것을 배운다. 6개월 이상 된 아이는 매우 예민한 존재이며, 자신의 행동이 자기를 돌보는 사람에게 어떻게 영향을 주는지 그리고 어떻게 적절히 반응하는지를 관찰하는 것을 점진적으로 배운다. 7~8개월 된 아이조차도 엄마가 피곤하면 엄마를 '격려'하는 방법을 배울 수 있으며, 엄마를 더 행복하게 만들어줄 수 있는 놀이나 익살스런 행동을 찾기 위해 노력한다. 마찬가지로 아이는 주의를 끄는 방법을 이미 터득한 덕분에 한동안 다른 것에 마음을 빼앗겼던 아빠에게 매우 활동적이고 무모한 아이가 자기 곁에 있음을 깨닫게 해준다. 이런 식으로 아이는 부모의 분위기를 바꾸려고 노력하며, 이런 모든 것을 위해 자신이 할 수 있는 것을 해결하려고 하며, 자신이 통제하거나 영향을 줄 수 있는 것도 있고, 어떤 것은 그렇게 할 수 없는 것도 있다는 것을 발견한다.

9개월 된 조지는 귀청이 찢어질 듯한 고함을 지르는 방법을 발달

시켰으며, 이것이 근처에 있는 모든 사람에게 즉각적인 영향을 줄수 있다는 것을 배웠다. 가족이 새로운 곳으로 이사했고, 부모는 새로운 이웃에게 불편함을 주지 않으려고 애썼다. 조지의 아빠인 존은 조지가 어떻게 고함을 지르는 기술을 더 늘리게 되었는지를 다음과 같이 묘사했다.

조지는 있는 힘을 다해 소리를 질렀고, 내 귀는 멍멍했다. 아마도 온 거리가 시끄러웠을 것이다. 그리고 나서 아이는 멈추었고, 즐거운 표정으로 나를 쳐다보았다. 아이는 내가 자기를 멈추게 할 수 있는 방법이 전혀 없음을 알고 있는 듯했다.

조지는 매일 밤 여러 번 깨어났고, 엄마나 아빠 중 1명이 조지 방으로 가서 보살펴주어야 했다. 그런 뒤에 부모가 방을 나가려고 할 때 조지는 자기가 낼 수 있는 가장 큰 소리로 고함을 질렀다.

처음에 조지는 새로운 환경으로부터 안정감을 얻고 싶어서 깨어났을지도 모른다. 그러나 매우 신중하고 적절한 곳에서 질러대는 아이의 고함소리는 부모를 좌지우지하는 힘을 아이에게 주는 좋은 기회가 되어 버렸다. 아이는 부모의 피부를 뚫고 마음속으로 들어오는 방법을 알고 있으며, 자기가 어떻게 느끼느냐에 따라 부모를 불편하거나 안정되지 못하게 만드는 방법을 알고 있다. 조지는 새로 이사 들어간 집 자체를 통제하는 어떤 방법도 알지 못하였지만, 누군가가 모든 힘을 가지고 있을 때 어떻게 느껴질 수 있는지를 알 수 있게 해주었다. 사실 조지가 그런 능력을 보여주었다. 사실 격분하였지만, 조지의 부모는 이런 상황에서 유머로 볼 수밖에 없었다. 이것이 지나치자 부모는 무시하면서 밀고 나갔고(이웃이 불평을 한 뒤에) 며칠 뒤로 조지는 다시 정상으로 되돌아왔다.

웃음과 농담

조지 같은 아이는 때때로 자신의 힘을 자랑하는 방법을 찾는다. 물론 아이들은 강요하지 않으면서도 부드럽게 어떤 것을 얻어낼 수 있음을 알아야 하는 때가 있다. 베키는 10개월이 되었을 때 어린아이처럼 드러누워 격렬하게 발버둥 침으로써 부모를 웃기고 키스를 받아내는 방법을 알았다. 매우 어린아이조차도 다른 사람을 기쁘게 해주는 방법을 알고 있을 뿐만 아니라 부모나 형제자매의 낯선 익살을 보고 크게 기뻐할 수 있으며, 놀랍게도 복잡한 농담, 불합리한 상황, 그리고 놀이를 즐길 수 있다.

웃음과 놀이는 아이의 삶에서 핵심적인 부분이다. 아이의 첫 웃음소리를 들으면 전율을 느끼게 된다. 이제 아이는 다른 사람을 기쁘게 해주고, 사랑을 받고, 스스로 웃고 다른 사람을 웃길 수 있는 타고난 능력이 있다는 것을 깨닫게 되었다. 또한 엄마나 다른 사람과 함께하는 놀이는 엄마와 아이 관계가 충족되어야만 하는 강렬하고 기초적인 욕구에만 더 이상 얽매이지 않으며, 배타적이지도 않

0~1세 자녀 이해하기

다는 사실을 잘 보여준다. 이제 아이는 다행스럽게도 엄마의 친구나 다른 사람들과 함께 온 사람과 완전히 새롭고 신나는 방식으로 즐겁게 지낼 수 있게 된다는 점이 더 다행이다.

승리와 패배

태어난 첫 해의 후반기에 아이는 자신과 가장 관계를 자주 하는 사람들에 관한 심상을 만들려고 끊임없이 노력하며, 동시에 이미 살펴본 바와 같이 아이는 자신에 관한 심상도 만들려고 한다. 이 시기에 자기 자신의 힘과 한계에 대해 합리적이고 균형 잡힌 견해를 획득하는 것은 아직 너무 이르다. 사실 아이는 자신이 완벽하게 만능한 사람이라는 망상에서부터 철저한 무력감에 이르기까지 강한 신념 또는 모순되는 신념으로 가득 차 있을 가능성이 높다. 얼마 전만해도 아이는 말 그대로 어렸고 부모에게 항상 의존했다. 그러나 아이가 자기 내부에 있는 진정한 강점을 알게 되자마자 아이는 재빨리 그 강점을 자신의 마음속에 있는 다른 모든 것들보다 더 강력하게 확대시킬 수 있다. 강점과 취약성 사이의 이런 어긋남은 혼돈되기 매우 쉬우며, 아이가 강하다고 생각하는 정도와 실제로 아이가 성취할 수 있는 한계 사이의 격차로 인해 아이는 미묘한 입장에 처한다.

거만

아이만큼 제왕적이거나 모든 힘을 가진 것처럼 보이는 사람은 아무도 없으므로 아이는 거만하기 짝이 없다. 거실 한가운데 있는 문틀에 매달린 그네를 타고 있는 아이는 모든 사람의 주목을 받는 존재이다. 아이는 손으로 가리키는 것의 즐거움을 학습한다. 이것은 어른이 아이의 명령에 복종하는 멋진 순간이다. 예를 들어, 아이가 "다!"라고 말하면서 손으로 가리키면, 어른들은 아이가 원하는 물건을 즉시 손에 쥐어준다. 선택한 장난감을 여러 명의 어른에게 건네주면, 그것을 받는 어른은 누구나 깊은 감사와 경의를 표현한다. 아이로부터 지목을 받기 위해 아이의 손을 잡는 것은 아이에게 복종할 것이라는 완벽한 신뢰를 주는 것이다. 이 모든 것이 아이로 하여금 전능함을 느끼도록 만든다. 이 시기의 아이는 힘을 느끼는 방법, 자신의 준비성에 대한 모든 지식을 무시하는 방법, 완벽하게 지배하는 순간을 즐기는 방법을 알고 있다.

무너짐

그러나 그렇게 높은 전지전능에서 추락하는 것은 끝없이 길다. 한 아이는 세상을 자기 발아래 두었다고 느낄 수 있지만 동시에 단지 몇 밀리미터 멀리 있는 물 하나도 들어올릴 수 없다. 아이는 팔로 잡고 서서 관객들로부터 박수갈채를 받으면서 큰 자랑스러움을 느끼지만, 동시에 상체의 무게를 지탱하는 데 안간힘을 쏟아야 한다. 그러나 상당한 노력을 했음에도 불구하고 아이는 팔을 놓치면서 앞

0~1세 자녀 이해하기

으로 고꾸라져서 얼굴부터 바닥에 닿고, 배를 바닥에 대고 엎드린 채로 움직일 수 없다. 누군가가 자기가 좋아하는 장난감을 뻗어도 닿지 않을 정도로 약간 멀리 두면, 아이는 뒤로 밀면서 이동하여 장난감을 붙잡을 수 있지만, 앞으로는 이동할 수 없다. 성공적으로 첫 걸음을 뗀 뒤에 성취감에 도취되더라도 갑자기 카펫이 조금만 움직여도 아이는 머리를 바닥에 쿵 찧으면서 뒤로 넘어진다.

아이의 인생은 극과 극을 오간다. 많은 성취도 있고, 많은 즐거움도 있지만, 도중에 수많은 장애물이 널려 있다. 매우 세밀한 시행착오 과정이 요구되며, 연달아 일어나는 승리와 패배를 직면하는 동안에 스스로 중심을 잡아야 한다. 6개월 이상 된 아이는 자신의 어린 시절을 기억하지 못하지만, 무기력한 경험은 틀림없이 아이의 내부에 있는 원시 신경을 자극했을 것이다. 아이는 어리다는 것이 어떤 느낌인지 그리고 생존을 위해 다른 사람에게 의존해야 한다는 것이 어떤 느낌인지를 알고 있다. 여러 가지 면에서 모든 것이 아이의 인생 뒤편으로 멀어져갔다. 그러나 이것은 결코 아이에게서 떨어지지 않을 것이다. 매우 배고프고, 외롭고, 두려울 때, 나이 든 아이도(성인도 마찬가지) 한동안 쇠약해질 것이다. 이것은 마치 텅 빈 입이 젖꼭지나 고무 젖꼭지를 갈망하지만 힘이 없어서 그렇게 하지 못했던 어린 시절에 가졌던 공황 감정이 다시 살아나는 것과 같다. 이 나이가 된 아이는 매우 무기력한 존재와 '세상의 꼭대기'에 앉아 위험한 즐거움을 누리는 존재 사이에서 자기 자신에 대한 정체감을 유지하려고 여전히 노력을 많이 한다.

부모의 반응

사랑하는 사람이 이런 곤경을 겪는 것을 옆에서 보고 있는 것은 상황에 따라 매우 사랑스러울 수도 있고, 매우 웃길 수도 있고, 매우 고통스러울 수도 있다. 많은 것은 좌절을 참아내는 부모의 능력과 부모가 자신을 — 아이가 아니라 — 한 인간으로 받아들이는 정도에 달려 있다. 부모는 아이의 승리와 굴욕을 보고 있을 때 느끼는 부모 자신의 감정 때문에 힘들겠지만, 아이에게 세심하게 신경써서 주의 깊게 보살펴야 할 것이다.

힘에 대한 아이의 욕구

아이 인생의 초기에서부터 부모가 해야 하는 역할 중 하나는 아이가 통제력을 가지고 있다고 느끼도록 해주고, 아이가 울면 먹을 것이 나오고, 손을 뻗치면 장난감이 손에 닿고, 때로는 힘을 가지고 있거나 전능하다고 느낄 수 있는 환경을 조성하는 것이다. 아이는 출발 때부터 이런 경험을 할 필요가 있으며, 그래야 아이는 자신의 힘과 내적 자신감을 키울 수 있다. 예를 들어, 3개월 된 아이에게 젖을 먹는 동안 또는 직후에 젖꼭지나 고무 젖꼭지를 가지고 놀도록 허락해주면, 즉 젖꼭지를 입에 넣었다 뺐다 하도록 허락하고, 아이가 원할 때 다시 빨 수 있도록 해주면, 아이는 크게 기뻐할 수 있다. 그리고 이것은 대부분의 엄마에게 귀중한 순간이자 감동을 주는 순간이다. 부모는 아이 이런 감정의 경험을 필요로 하며, 아이는 너무 많은 좌절과 무기력을 한 번에 다룰 수 없다는 것을 본능적으로 파악한다.

한계에 대한 욕구

아이는 실제 힘은 약하지만 뒤집어서 어지러울 정도로 높고 전능하도록 만드는 것에 대해 민감하다. 그렇기 때문에 아이는 부모가 자신의 힘을 마음대로 사용하도록 내버려두지 않기를 바란다. 그러나 아이의 힘에 제한을 두는 것은 어려운 일이다.

11개월 된 잭은 텔레비전에 손을 올리고 "안 돼!"라고 말하는 것을 기대하는 것처럼 엄마를 바라본다. 실제 엄마가 그렇게 말할 때 잭은 흥분하여 웃으며, 기쁨이 넘쳐서 온몸으로 춤을 추고, 몇 분 내에 다시 텔레비전에 손을 대고, 비슷한 반응이 나올 것을 기다린다. 대부분의 게임에서처럼 즐거움은 규칙이 무엇인지 알고 있고, 기대했던 반응이 실제로 일어나고, 긴장이 해소될 때 나온다.

이 시기의 많은 아이들처럼 아마 잭도 자기 엄마가 한계와 규칙을 정해서 적용할 수 있기를 원했을 것이다. 그래야 자기에게 안정감을 주기 때문이다. 나이 든 아동이나 청소년처럼 아이도 한계에 저항하고 무너뜨리려고 할지라도, 아이는 한계가 있을 때 안도감을 느낀다. 부모는 항상 아이의 화나 분노를 심각하게 받아들여야 한다. 그러나 한계를 정해줌으로써 아이를 도와줄 수 있는 것처럼, 아이가 아무리 화가 났어도 또는 아무리 큰 힘을 가지고 있다 하더라도 아이가 부모를 이기는 일은 결코 일어나지 않다는 것을 아이에게 보여줄 필요가 있다. 지배자가 되는 것은 그 당시에는 좋은 것처럼 보일지 모르지만, 아이가 부모를 이길 수 있는 완전한 힘을 가지고 있다고 생각하기 시작한다면, 아이는 갑자기 불안해질 것이다. 부모는 아이가 미숙한 감정과 충동을 실험할 수 있는 안전지대를 제공하고 너무 지나치게 나가면 제지를 해줄 사람이 있다는 것을 알게 해줄 필요가 있다.

성장을 격려하기

개월 수가 증가할수록 부모는 부모 나름대로 새로운 협상 전략을 준비한다. 부모는 때때로 왕처럼 되고 싶어 하는 아이의 욕구에 반응하고 명령에 복종하는 것을 보여주기 위해 아이가 원하는 것을 제공하거나 손에 닿도록 옮겨주곤 하였다. 점차적으로 새로운 도전을 제공하는 것이 부모의 역할이다. 개월 수가 증가할수록 부모는 아이에게 더 많은 것을 하도록 격려해야 하며, 아이가 기어 다닐 수 있을 때는 공을 좀 더 멀리 두어야 하며, 아이가 원하는 장난감을 가지고 놀지 못해서 좌절할 때 좀 더 긴 시간 동안 내버려두어야 한다. 아이는 화가 나서 부모를 쳐다보겠지만, 대개 아이는 스스로 문제를 해결할 수 있을 때 오히려 더 감사하게 여길 것이다. 부모는 아이가 좌절과 약간의 고통은 조절할 수 있으며 그것을 극복하도록 도와줄 수 있는 내적 자원을 가지고 있다는 것을 배우도록 매우 친절하게 도와줄 수 있다. 부모는 아이가 자기 마음대로 하도록 내버려두었을 때 무엇을 할 수 있는지를 지켜보면서 아이가 자신에 대

0~1세 자녀 이해하기

해 생각하는 즐거움을 허용한다.

놀랍게도 엄마가 아니라 다른 사람이 아이로 하여금 모험하고, 스스로 어떤 것을 성취하고, 세상을 탐험하고, 엄마로부터 벗어나도록 격려하면서 아이의 역량을 조금 더 넓히도록 하는 역할을 맡는 경우가 자주 있다. 엄마는 때때로 아이의 새로운 출발에 대해 양면적인 태도를 지니며, 더 많이 보호하려고 하고, 아이의 성격에서 취약한 측면을 더 강조한다. 반면, 아빠는 짓궂게 놀리고, 더 격렬하게 놀이하며, 도전을 더 부추긴다. 이런 역할의 차이는 엄마 가까이에 안전하게 머물게 만들기 위해 당기는 것과 아빠나 제삼자와 함께하는 모험, 위험 감수, 독립심 증가와 같이 바깥세상으로 유혹하는 것 사이에 끝없는 긴장으로 재현된다.

아이의 풍부한 재주

이 시기의 아이가 얼마나 참을성 있고, 거듭 실패를 했을 때에도 어떻게 계속 새로운 발달 단계로 나아가는지를 보는 것은 깊은 인상을 준다. 어떤 아이는 목표를 추구하고 그에 따르는 좌절과 조바심을 다루는 데 있어서 참을성과 끈기를 더 많이 발휘한다. 다른 아이는 앞으로 나아가는 데 있어서 더 느긋하고 기질적으로 덜 동기화되었고, 각 단계에서 완벽하게 준비가 될 때까지 미적거리며 더 오랜 시간을 끈다. 부모는 아이가 각 단계의 새로운 이정표에 빨리 도달하기를 갈망하면서 기다리는 반면에 아이는 자신의 속도에 맞추어 새로운 발달 단계에 도달한다.

또한 아이는 어떤 것이 잘못되면 자신의 관심을 다른 데로 돌리는 것을 잘 할 수 있다. 어떤 기술을 습득하기 어렵다면, 어떤 아이는 재빨리 자기가 할 수 있는 것을 찾을 것이다. 9개월 된 리아는 기어 다니기 위해 엄청 노력을 많이 하였지만, 계속 실패하였고, 그 결과 좌절하고 사기가 꺾였다. 리아는 울지 않고 오히려 자기 손에 닿을 거리에 있는 장난감을 가리키다가 손으로 얼른 낚아챘다. 이것은 마치 리아가 처음부터 원했던 것이 장난감이었던 것처럼 보였다. 비슷하게 부모 중 1명과 문제가 있으면, 아이는 사태를 잘 모면하기 위해 나머지 1명, 이모, 가족 친구, 심지어는 완전히 낯선 사람에게 관심을 돌리려고 한다.

이런 충동은 매우 도움이 되며, 이미 가지고 있는 것으로 임시변통하는 능력의 시발점이며, 적어도 난관에 부딪쳤을 때 잘 견디도록 해주는 힘이다. 자연스럽게 부모는 아이가 모든 좌절이나 난관을 외면하며 회피하려고 애쓰기를 바라지 않는다. 다만, 약간의 쉬는 시간을 가지는 것이 회복을 하는 데 큰 도움이 될 수 있을 뿐이다.

아이에 관해 가장 인상적이고 감동을 주는 것 중 한 가지는 자기를 실망시키는 사물이나 사람을 쉽게 용서하는 아이의 능력이다. 아이는 장난감에 큰 문제가 있으면 화가 나서 고함을 지르기도 하지만, 몇 분 뒤에 다시 그 장난감을 집어 들고 꼭 껴안을 수도 있다.

부모의 기대와 또래 집단

부모가 아이들과 동일시하는 것은 쉽게 일어난다. 즉, 아이의 성공은 부모에게 영광을 주는 것이고, 아이의 실패는 부모에게 실패처럼 느껴지는 것이다. 어떤 아이가 다른 아이들보다 더 열의가 높으면, 말할 것도 없이 부모도 기질적으로 열의가 더 높고, 의식적이든 아니든 자신의 아이에 대한 기대도 높다. 아이가 새로운 기술과 이정표로 향해 나아가면서 또래들을 따라 잡거나 앞서도록 강요한 적이 없는 부모는 거의 없다. 심지어 아이는 그것에 전혀 관심이 없는데도 대부분의 부모는 아이에게 또래를 따라잡거나 앞서가도록 강요하기도 한다.

9개월 된 조지아는 자신이 좋아하는 장소에 앉아 있다가 움직이는 것에 전혀 관심을 보이지 않았다. 엄마인 실비아는 조지아를 가끔 엄마와 아이가 함께 참석하는 모임에 데리고 갔다. 그리고 모임에 오는 모든 아이들은 기어 다니거나 배밀이를 통해 이제 혼자 이동할 수 있다는 것을 알게 되었다.

> 우리는 아이를 발아래 내려놓았고, 잡담을 하면서 그곳에 앉아 있었다. 그리고 나도 모르는 사이에 아이 4명이 사라졌다. 조지아는 항상 그 자리에 있었고, 자기 앞에 있는 장난감을 가지고 놀면서 앉아 있었다. 갑자기 부끄러움과 같은 어떤 강한 감정을 느꼈다. "왜 내 아이는 그렇게 할 수 없을까? 뭐가 잘못이지?" 나는 조지아

가 이전처럼 여전히 행복하고, 놀이에 푹 빠져 있다는 것을 알고 있었다. 그러나 그것이 내 마음을 크게 흔들었다.

돌이켜보건대 아마도 실비아는 다른 아이들이 이동하는 것을 보자 자기 딸이 뒤처졌고 실패했다고 느꼈을 것이다. 부모가 자녀에 대한 동정심을 느끼고 있다고 생각할 때 이와 같은 반응이 부모의 내부에서 북받쳐 올라올 수 있다. 그러나 이것은 부모 자신의 어린 시절의 한 측면에 대해 동정심을 느끼고 있다고 말하는 것이 더 진실에 가깝다.

아이의 모든 측면을 ― 부모를 좌지우지하는 힘 있는 제왕적인 존재뿐만 아니라 도움을 받아야 할 만큼 무너지고 패배한 유아 ― 수용하고 그대로 인정하는 것은 어려운 일이다. 지도자 같은 아이는 부모가 마음에 들지 않는 부모 자신의 모습을 상기하도록 만들며, 평상시보다 더 짜증나게 만든다. 또는 자기 자녀가 '찰싹 달라붙는 것'을 부모가 갑자기 참을 수 없다고 느낀다면, 부모는 스스로 알지 못하고 있는 취약성이 자신에게 있을 수 있음을 발견할 수도 있다. 부모 자신의 어떤 것이 자녀의 성격에서 확실하게 나타나고 있다는 것을 알게 되었을 때 일은 더 꼬인다. 그리고 부모 자신이 느끼는 감정의 강도가 아이는 전혀 다르게 느낄 수 있으며 자신의 고유한 장점과 단점을 가지고 있다는 사실을 보지 못하게 만들 수도 있다.

0~1세 자녀 이해하기

제5장

분리 다루기

복직과 이유

출생 후 첫 해 어느 시기에 또는 첫 해가 지나간 뒤에 많은 엄마들
은 직장으로 되돌아가고 젖떼기도 시작한다. 직장에서 일하는 시간
때문에 모유 수유가 더 이상 불가능할 때는 복직과 이유(젖떼기)가 함
께 이루어지며, 어떤 때는 복직과 이유가 서로 관련이 없을 때도 있
다. 여러 가지 요인에 따라 복직과 이유와 같은 주요 변화에 대해
아이가 반응하는 방법은 다르다. 아이의 나이, 기질적 탄력성의 정
도, 엄마와 아빠와의 관계에서 느끼는 안정감의 정도, 조기 분리에
대한 아이의 대처 능력, 엄마 이외에 다른 사람에게 진정한 애착을
형성하는 능력(또는 준비도) 등이 중요한 요인들이다.

물론, 주변 여건, 엄마의 성격, 아이가 앞으로 겪을 도전에 대비
하여 다양한 자원을 활용하는 엄마의 능력도 많은 부분을 차지한
다. 이 시기에 엄마는 많은 도전을 받는다. 엄마는 아이가 자신에게
전하려고 하는 매우 애처로운 감정을 계속 받아들이면서 자기 일을
제대로 할 수 있다는 확신을 유지할 수 있는가? 엄마는 자신의 후

0~1세 자녀 이해하기

회, 슬픔, 또는 죄책감을 다루면서 동시에 자신의 행동으로 인해 발생하는 아이의 상실감, 분노, 고통에 대해 공감할 수 있는가? 엄마는 어려운 문제를 슬기롭게 다룰 수 있고, 한동안 비참함과 분노에 떨기보다는 금방 자신과 아이의 기운을 북돋는 방법을 찾을 수 있는가? 특히 엄마가 복직을 한다면, 다른 사람이 아이를 먹여주고, 씻어주고, 안아주고, 놀아주어 아이와 친해지게 되는데, 이로 인해 아이가 자기로부터 어느 정도 멀어져도 괜찮을 만큼 준비가 되어 있는가?

이와 같은 변화는 상실을 내포하고 있기 때문에 엄마와 아이 양자 모두 약간의 슬픔, 분노, 불안을 느끼지 않고서는 결코 이루어질 수 없다. 그러나 어떤 경우라도 잘 다룬다면, 마음에 깊은 상처를 주지 않을 수 있다. 아이의 부모가 서로 긴밀히 연락하고 아이와 밀접한 관계를 유지할 수 있고, 아이의 감정이 수용되며 이해받을 수 있음을 보여준다면, 아이는 변화와 상실은 고통스럽지만 견딜 수 있다는 것을 배울 것이다. 그리고 새로운 기회의 문이 열리고 있다는 것도 배울 것이다.

복직

복직을 할 때가 되면, 거의 대부분의 엄마는 어느 정도의 죄책감을 느끼는데, 어떤 엄마는 죄책감을 크게 느끼기도 한다. 다양한 형태의 죄책감이 있을 수 있다. 복직하고 싶은 마음이 없는데도 불구하고 억지로 복직해야 하는 엄마는 스스로 복직하고 싶어 하거나 아이로부터 떨어지는 시간을 갖고 싶어 하는 엄마와 전혀 다른 종류의 죄책감을 느낄 것이다. 엄마가 죄책감을 얼마나 잘 다루느냐의 문제는 아이의 아빠, 아이의 조부모, 자신의 친구 및 직장 동료, 또는 엄마가 없는 동안에 아이를 돌봐줄 누군가로부터 얼마나 지원을 받을 수 있느냐에 달려 있다. 이 모든 사람들은 직장으로 복직한 엄마는 여전히 좋은 엄마이며 아이도 모두 잘 적응할 것이라는 확신과 균형 잡힌 시각을 엄마에게 제공해줄 수 있다.

아이는 엄마가 있어야만 평안을 느끼는 단계를 반복하며, 아이가 엄마를 가장 필요로 하는 때가 엄마가 복직을 해야 하는 시기처럼 느껴지는 경우가 자주 있다. 때로는 이것이 사실이다(나중에 다시 다룬다). 그러나 떨어져 있는 것에 대한 부모의 감정은 아이가 어떻게 그것에 대처할 것인가를 바라보는 부모의 견해에 영향을 줄 수 있으며, 아이 때문에 생기는 불안을 모르는 체하기란 무척 어렵다.

"잘 있어."라고 말할 때의 어려움

헬렌이 7개월 되던 때에 엄마인 제니는 시간제(파트타임) 일을 하러 복직했는데, 헬렌과 분리되는 것이 참기 어렵다는 것을 알게 되었고, 아이의 반응을 보지 않고 몰래 빠져나가는 것이 최선이라고 생각했다. 그러나 엄마가 떠나고 없다는 것을 헬렌이 알게 되었을 때, 헬렌은 심란해졌고 1시간 이상이나 울었으며 달래도 소용이 없었다. 헬렌은 다시 한밤중에 일어나서 젖을 먹으려 하고 오랜 시간 동안 달래주어야만 했다. 마침내 보모는 제니로 하여금 헬렌에게 직접 "잘 있어."라고 말해주라고 요구하였다. 물론 이럴 때 제니는 눈물이 왈칵 날지라도 엄마가 직접 말해야 한다는 것이었다. 제니는 망설였지만 집을 나설 때가 되었을 때 헬렌과 눈을 마주치면서 손을 흔들고 "안녕."이라고 말하였다. 엄마가 떠나는 것을 본 헬렌은 매우 심하게 울었고, 제니는 밖에서 눈물을 흘리면서 아이가 우는 소리를 들었다. 그러나 놀랍게도 몇 분 뒤에 헬렌은 진정하였고 보모가 주는 장난감을 가지고 놀면서 음료수도 마시려고 했다.

딸을 떼어놓으려고 노력하는 과정에서 제니는 아마도 "잘 있어."라고 말하는 두려운 순간으로부터 헬렌뿐만 아니라 자기 자신도 방어하려고 했다. 사실 헬렌은 엄마가 떠나는 것을 모르고 있을 때 더 놀라는 것 같았다. 나이가 많든 적든 모든 연령의 아이는 패턴을 찾으려고 노력하며, 자신의 세계를 더 예측 가능하고 조절할 수 있는 것으로 만들고 싶어 한다. 아이가 준비할 기회도 주지 않고 갑자기 사라지거나 변화가 일어나는 것은 삶을 더 혼란스럽게 만들며, 나이가 어릴수록 더 오랜 시간 동안 당황하는 것 같다. "잘 있어."라는 말의 뜻을 이해하지 못하는 어린아이조차도 곧 다른 단서를 통해 이해하게 된다. 아마도 엄마가 떠나려고 할 때 손을 흔들고, 껴안아 주고, 독특한 목소리로 말하는 것을 통해 이해하게 되는 것 같다. 떨어졌다 다시 만나는 장면을 더 많이 마음에 담아두는 것이 자신의 속도에 맞추는 데 도움이 될 것이며, 분리 고통에 익숙해질 뿐만 아니라 엄마가 다시 돌아올 것임을 확실하게 알도록 해준다.

아마도 헬렌은 다른 아이들처럼 엄마가 있는 상황에서 직접적으로 분노나 고통을 드러낼 기회를 가졌고, 자신이 어떻게 느끼는지를 엄마가 충분히 이해했다는 것을 알았고, 엄마가 자신의 감정을 숨기기 위해 몰래 떠난 것이 아니었기 때문에 엄마가 한동안 없더라도 더 잘 견딜 수 있었다. 오히려 엄마가 이것을 더 견디기 힘들어할 수 있다. 그래서 엄마는 몰래 빠져 나가고 싶은 유혹을 느낄 것이다. 특히 부모가 큰 동요를 느낄 때 더욱 그렇다. 만약 부모가 이런 난감한 감정을 피하지 않고 직면하기 위해 용기를 낼 수 있다면, 이것은 부모와 아이에게 어렵지만 중요한 일을 이겨내고 모든 것을 잘 관리할 수 있다는 것을 발견하는 기회를 제공한다. 그리고 아이는 부모가 극도로 높은 수준의 화나 분노라는 감정을 참아낼 수 있다는 것 ― 아이와 부모 양측 모두에게 힘겹더라도 부모가 아이를 수용하고 이해하려고 노력하는 것 ― 을 발견할 때 안도감을 느낄 수 있다.

거부당하고 있다고 느끼는 엄마

시안이 8개월이 될 때에 엄마인 클레어는 시간제(파트타임) 일을 하기

0~1세 자녀 이해하기

위해 복직했다. 클레어는 일하는 것이 즐거웠지만, 시안을 두고 일터로 나가는 순간에 두려움을 느꼈으며, 이것이 시안에게 주는 영향 때문에 죄책감을 느꼈다. 사실 시안은 엄마가 떠날 때는 무척 화가 났으나, 새로운 보모와 함께 있을 때에는 즐겁게 지냈다. 클레어는 시안이 4개월이 되었을 때 젖을 뗐고, 이것이 즐겁지만은 않았으며, 항상 죄책감을 느끼고 있었다. 시안이 고형식을 먹기 시작할 때 엄마는 이것을 시안에게 '보상을 주는' 기회로 삼았고, 시안이 좋아하는 음식을 섞어서 만드는 데 많은 시간을 보냈으며, 식사 시간은 함께 즐기는 특별한 시간이 되었다.

복직을 한 지 약 1주일이 지날 무렵에 클레어는 시안이 이전에 좋아하던 음식을 더 이상 쳐다보지도 않는다는 것을 알게 되었다.

어느 날 아침이 기억난다. 나는 파스닙과 감자로 한 번 먹을 수 있을 양만큼 음식을 만들었다. 이것은 시안이 매우 좋아하던 음식이었다. 첫 숟가락을 떠먹일 때 시안은 준비되었다는 듯이 입을 한껏 벌렸다. 그러나 음식을 먹자마자 시안은 움찔하더니 놀란 표정을 지었고, 입안에 든 음식이 이 세상에서 가장 역겨운 것이라는 것처럼 얼굴을 돌렸다. 시안은 순간 얼굴 표정이 변하면서 한동안 씹었고, 나는 가슴이 조마조마했다. 나는 옆에 서서 기다리다 "좋아? 싫어? 좋아? 너 이것 좋아하지?"라고 물었다. 시안은 미소를 지었으며, 행복하게 옹알거렸다. 나는 안심하고, 모든 것이 다시 잘 되는 것 같았다. 그러나 몇 분 뒤에 시안은 갑자기 야유 소리를 내면서 모든 음식을 내 얼굴에 뿜어냈다. 시안이 일부러 그렇게 한 것처럼 보였다. 나는 계속해서 먹이려고 노력했지만, 시안은 먹지 않았고, 나는 점점 비참해지는 것을 느꼈다. 끝내 나는 포기하고 상품으로 나온 음식을 주었으며, 크게 실망했다.

음식과 관련하여 이와 같이 사소한 상호작용도 엄마와 아이가 상황의 변화와 분리를 다룰 때 얼마나 큰 어려움을 겪을 수 있는지를 잘 보여준다. 시안은 자기 엄마에 대한 다소 혼합된 감정을 처리하려고 노력하는 것 같다. 처음에 시안은 엄마를 약간 괴롭히는 것 같았다. 시안은 엄마가 주는 음식을 먹었다 먹지 않았다 함으로써 장난을 쳤고, 자기가 받아먹을 것인지 아닌지를 엄마가 계속 추측하도록 만들면서 라즈베리를 엄마의 얼굴에 날리기 위해 엄마에게 희망을 주고 있었던 것이다. 아마도 시안은 자신의 화난 감정을 전하기 위해 실험을 하였을 것이다.

클레어는 아이와 같이 있을 때 항상 압도당하는 것 같고, 일어난 일들을 마음 깊이 새기며, 초기에 형성한 아이와의 밀접한 관계를 잃는 것에 어찌할 줄 모르고 있을 가능성이 높다. 그러나 엄마가 아픔을 느끼면서 즉각적으로 반응해주기 때문에 시안은 그렇게 하는 것이 엄마에게 영향을 줄 수 있는 강력한 도구임을 알게 된다. 아동과 청소년은 말할 것도 없이 어린 유아들도 부모들이 즉각 반응하도록(부정적 또는 긍정적 반응 모두 포함하여) 만드는 정확한 단추를 발견할 수 있으며, 자신의 힘에 매료된 듯이 얼마나 자주 그 단추를 누르는

지를 알면 놀랄 일이다.

아이가 모유를 거부할 때 엄마가 좌절감을 느끼듯이, 자신이 주는 음식을 시안이 거부할 때 클레어도 낙담했다. 그 당시 클레어는 이것을 알아차리지 못했을 수도 있지만, 아마도 그녀는 복직 때문에 정서적으로 큰 어려움을 겪고 있었을 것이다. 시안은 자신에게 화가 났고, 너무 큰 고통을 받고 있으며, 결코 자신을 용서하지 않을 것이라고 클레어는 걱정했다. 이것 때문에 시안이 여전히 엄마를 사랑하고 원한다는 것을 보여주는 징표로 자신이 주는 음식에 시안이 감사해야 한다는 것이 클레어에게는 더 중요한 문제가 되어버렸다.

시안의 입장에서 보면, 모든 유아나 어린아이들이 그러는 것처럼 자기의 엄마를 이기는 것이 우선 재미있는 일이기도 하다. 그러나 아이 자신도 여전히 걱정스러운 일이며, 일정한 수준이 넘어서면 그 걱정이 겉으로 드러나게 된다. 그날 오후 늦게 클레어가 자신의 기저귀를 갈 때, 시안은 기가 꺾였고 비참함을 느꼈다. 시안은 장난감으로 자신의 얼굴을 때렸고 매우 심하게 울었다. 클레어는 시안을 달랠 수 있었고, 두 사람은 다시 사이좋게 되었다. 시안이 스스로 자신을 때리고 엄마로부터 위안을 받을 필요가 있었을 때 비로소 엄마는 자신감을 되찾았고, 다시 한 번 아이로부터 사랑받고 있으며 아이가 자신을 원하고 있다고 느끼게 되었다.

죄책감의 영향

클레어는 자신이 아이에게 한 행동 탓에 아들이 고통받는 것이 아님을 확신하자 아들의 힘든 모습을 보는 것과 아들을 달래는 일이 훨씬 쉬워졌다. 이번에는 아이가 스스로 자신에게 고통을 가한 것이 분명하다. 복직을 하거나 젖을 떼는 등의 일에 부모가 죄책감을 느낄 때, 아이의 입장에서 사태를 보지 못하고 실제로 아이 때문에 그런지 알지도 못하면서 부모가 느끼는 화나 절망을 아이 탓으로 돌리는 것은 매우 흔한 일이다. 이런 순간에 부모는 "문제의 원인은 이거야."라고 느끼기 쉬우며, 스스로 죄책감을 느끼는 상태에서 평상시처럼 아이를 달래주거나 아이로부터 오는 비난이나 적개심을 핍박당하지 않고 견디는 일이 어렵다는 것을 알게 된다. 자신의 분노와 짜증을 모두 수면 아래로 잠재우기 위해 시안은 엄마를 이전만큼 깊이 사랑하게 되었고, 엄마로 하여금 이런 지식을 기억하라고 요구한다. 그러나 시안은 엄마를 한계 상황으로 몰고 갔을 수 있다.

강한 정서적 소용돌이 상황에 휘말린 상태에서는 일을 똑바로 하는 것은 말할 것도 없고 그 상황에서 일어나고 있는 일을 정확히 파악하는 것도 거의 불가능하다. 부모가 자신에 대해 상대적으로 강한 확신을 느끼고 있을 때, 아이로부터 받는 약간의 적개심이나 거부, 심지어 강한 적개심이나 거부도 부모 몫의 한 부분으로 여길 수 있는 여유가 있으며, 심각하게 받아들이지만 마음에 큰 상처를 받지는 않는다. 아이는 부모가 자신의 감정을 받아주지만, 너무 아프

0~1세 자녀 이해하기

게 상처받지 않는다는 것을 알게 될 것이다. 즉, 아직 한계선을 넘지 않고 있다고 알게 된다.

그러나 부모가 자신에 대해 확신을 가지지 못할 때, 죄책감이나 우울 그리고 거부는 완전히 새로운 의미로 다가올 수 있으며, 아이는 갑자기 부모보다 더 큰 힘을 가지게 되었다고 여기게 된다. 이것은 부모와 아이 양측 모두에게 걱정거리가 될 수 있으며, 때때로 부모로 하여금 성인의 관점을 되찾고 상황을 종식시키도록 도와줄 제삼자가 필요하다. 그러나 분노와 사랑하는 감정 사이의 이런 상호작용은 관계를 더 깊게 만드는 중요한 부분이다. 특히 아이와 부모 모두 떨어졌다 다시 만나는 일로 힘들어하고, 새로운 분리를 극복하고, 양측 모두 겪는 슬픔과 분노를 이겨내야 하는 전환기에는 약간의 갈등과 오해를 피할 길이 없다.

보육에 대한 불안

가족 외부의 누군가를 아이의 삶에서 중요한 역할을 하도록 맡기는 일은 많은 부모들이 예상하는 것보다 훨씬 더 어렵다. 아이에게 딱 맞는 보육기관을 찾는 일은 많은 스트레스와 짜증을 유발하며, 특히 매우 어린아이를 맡기고자 한다면 더 그렇다.

조이는 9개월 된 아이를 일주일에 딱 하루 동안만 보모에게 맡길 때 어떻게 했는지를 다음과 같이 묘사한다.

보모는 아주 좋은 사람이었고 경험이 많았다. 그러나 나는 보모가 아이를 떨어뜨리는 것은 아닌지, 또는 아이에게 사고가 일어나는 것은 아닌지 하루 종일 걱정을 했다. 나는 보모가 아이에게 우유를 주는 것을 참지 못했고, 아이에게 건강에 좋은 먹거리를 주는지 믿을 수 없었다. 그래서 아이에게 먹일 것을 모두 내가 직접 준비했다. 비록 이것이 오랜 시간이 걸리고, 보모가 자신이 할 수 있다고 말했어도, 내가 계속 준비했다. 한참 뒤에 나는 이것이 도움이 되지 않는다는 것을 깨달았다. 보모는 경험이 풍부한 사람이었고 착한 여성이었지만, 나는 보모의 손에 아이를 맡기는 것에 대한 불안을 지울 수가 없었다. 그리고 한참 뒤에 나는 아이를 보육센터로 보냈고 모든 것이 수월해졌다.

아이를 두고 가야 하는 것에 대한 부모의 죄책감은 때때로 아이를 맡아주는 사람에 대한 걱정으로 전이될 수 있다. 또한 부모는 가족이 아닌 다른 누군가와 밀접한 관계를 맺는 것이 도움이 된다는 사실을 받아들이기를 주저하기 쉽다. 비록 그 사람이 아이를 부모와 다르게 다룰지라도 도움이 된다고 여기지 않는다. 어떤 엄마는 조이처럼 보육기관과 같이 비교적 덜 친밀한 환경에 아이를 쉽게 맡기는 경향이 있다. 보육기관에서는 잠재적인 경쟁자나 '대체 엄마'로 여기는 양가감정이 일어날 가능성이 낮다고 여기기 때문이다.

아이가 친밀하다고 느끼는 누군가(아빠나 외할머니)에게 아이를 맡기고 직장에 갈 수 있는 행운을 가진 엄마는 아이를 두고 나갈 때 훨씬 더 많은 안정감을 느낄 수 있으며, 그 사람과의 관계를 즐기도록 허락한다. 부모가 선택한 보육의 종류가 어떤 것이든 부모가 믿을 수 있는 사람을 찾았다고 느낀다면, 아이는 이것을 알아차릴 것이며, 역시 안도감을 더 많이 느낄 것이다. 즉, 분리로 인한 스트레스를 걱정했던 것보다 훨씬 덜 받을 것이다.

아이가 엄마를 그리워하도록 허락하기

어떤 엄마는 자녀가 새로운 보호자에게 애착을 느끼게 될 것과 자신에게 열려 있는 새로운 기회를 즐길 것이라는 것을 알아차리는 데 어려움을 가진다. 아이와의 배타적 관계를 포기하는 것은 고통스러운 일이며, 아이의 사랑을 공유하는 것은 어려운 일이다. 그러나 아이를 두고 떠나는 것에 대한 죄책감과 불안 때문에 아이는 부모가 곁에 없다는 것을 알고 있음에도 불구하고 보모, 보육기관, 또는 친척들과 함께 있을 때 행복할 수도 있다는 사실을 부모는 간과하기 쉽다. 이것이 아이에게 문제를 야기할 수 있다. 때때로 아이는 낮 동안에는 문제없이 잘 지내다가 잠자는 것과 같은 분리에 대해 갑자기 불안을 느끼고, 시안이 그랬던 것처럼 엄마가 복직하는 시기에 갑자기 엄마가 주는 음식 먹기를 거부한다. 또 다른 아이는 엄마가 직장에서 돌아왔을 때 무관심하거나 행복하지 않은 표정으로 엄마에게 인사를 하고, 보모와 함께 있는 것을 더 좋아할 수도 있다.

부모는 이런 사건들과 아이가 정말로 부모를 그리워하는 것 사이에 놓인 연계성을 보지 못하고 놓치기 쉽다. 특히 아이가 새롭게 시작된 반복적인 일에 완전히 만족한다고 부모가 믿을 필요가 있을 때 더욱 그렇다. 사실 아이는 엄마를 그리워하면서도 할머니나 보모와 함께 지내고, 보육기관에서 좋은 시간을 보낼 수 있는 능력이 있다. 엄마가 없는 것에 대한 아이의 감정은 다양한 방식으로 나타날 수 있다. 어떤 아이는 화난 감정을 억누르고, 주어진 것만으로도 견뎌내면서 엄마와 떨어져 있는 시간 동안 스스로 지탱할 수 있다. 그리고 엄마가 되돌아와도 아이는 계속 그렇게 하기도 한다. 아이가 어떤 상태에서 다른 상태로 전환할 때 많은 것을 기대하며, 부모가 다시 나타날 때마다 반갑게 안으려고 달려든다. 아이가 만난 폭풍우는 아이가 속으로 얼마나 크게 좌절하였는지를 엄마에게 보여줄 수 있을 만큼 안전하다고 느끼는 어느 순간에 멈출 것이며, 이것이 변형되어 집으로 가는 길에 엄마에게 꼭 안기고 싶어 엄마의 품으로 뛰어들거나, 엄마를 발로 차거나, 고함을 지르기도 한다.

물론 엄마가 복직하는 것이 아이에게 많은 부담을 주는 때도 가끔 있다. 아마도 아이가 엄마 없이 견딜 수 있는 준비가 되기 전에 엄마가 직장으로 복귀하거나, 아이가 기다릴 수 있는 시간이 몇 시간 밖에 되지 않는데도 엄마가 너무 오랫동안 돌아오지 않는 경우가 그것이다. 아이가 정말로 할 수 있는 것과 할 수 없는 것이 무엇인지 세심히 관찰하고 아이에게 진짜 일어나고 있는 일에 대해 부모는 열려 있어야 하며, 아이가 부모를 필요로 한다면 부모는 계획을 바꿀 수 있어야 한다. 분명히 어떤 엄마는 매우 엄격한 금전적 또는 계약적 채무와 직면하게 된다. 그래서 선택의 여지가 없이 반드시 복직을 해야만 하는 경우도 있다. 이런 상황은 엄마 자신과 아이를 위한 이상적인 상황과는 거리가 멀다. 이것은 고통스러우며, 아이의 감정을 어루만져주고 가능한 민감하게 도와주는 것을 더 어렵고 치명적이게 만들기도 한다. 복직할 때는 점진적인 방법으로 해야 한다는 것을 알고 있는 엄마들은 곧바로 복직하기보다는 직장에서 보내는 시간을 줄이고, 필요하다면 보육하는 순서를 조정하기도 한다.

복직을 준비하는 동안에 특히 복직을 앞둔 몇 주 동안에는 모든 일이 소란스러워지고, 양측 모두 불안이 증가할 것이다. 때때로 이것이 진정되기 위해서는 어느 정도의 시간이 걸린다. 그러나 일이 정상화되었을 때, 자신의 일을 즐길 만큼 복이 많은 여성은 잠시 일에서 벗어났던 것에 감사하게 되며 아이와의 관계를 더 즐길 수 있을 것이다.

이유

복직과 관련한 문제 중 많은 것은 이유(젖떼기)와도 관련이 있다. 그러나 이런 분리는 많은 사람들에게 혹독한 일이다.

엄마는 모유 수유를 중단한 뒤에 아이로부터 받았던 특별한 애정을 잃을 것이라고 종종 두려워한다. 어떤 엄마는 위안, 친밀함, 안전을 위한 중요한 자원을 제거함으로써 야기되는 고통을 두려워한다. 모유 수유는 아이가 처음으로 안기고, 먹고, 안심하고, 사랑받는 대표적인 경험이므로 아이의 초기 인생과 특별한 관계를 가지는 것으로 간주되고 있다. 따라서 모유 수유를 중단하는 것은 아이의 인생과의 소통 고리를 영원히 잃어버리는 것으로 여겨질 수 있다. 더군다나 아이만 모유 수유를 통해 위안, 친밀함, 사랑을 받는 것이 아니다. 엄마도 그런 경험을 하기 때문에, 모유 수유를 중단하는 것은 엄마에게도 큰 고통을 안겨줄 수 있다.

젖떼기는 복직이나 다른 실제적인 문제 때문에 내리는 결정이지만, 때로는 젖떼기를 하는 것이 엄마와 아이에게 좋다고 느껴지기 때문에 내리는 결정이기도 하다. 두 번째 이유로 젖떼기를 한다면, 부모는 아이에게 강하게 밀고 나갈 필요가 있으며, 부모가 모유 수유를 중단해야 할 시기를 언제로 보는지를 민감하고 확고하게 아이에게 말해주어야 한다. 아이 감정에 상처 주는 것에 대해 부모가 너무 걱정을 많이 하면, 아이의 필요와 욕구에 한계를 정할 때 부모의 도움이 필요하다는 사실을 보지 못할 수 있다. 아이는 충분히 먹고 멈출 때가 언제인지를 부모에게 알려주지 않는다. 부모가 편안함을 느낄 수 있는 정도를 초과하여 젖을 주며 그 두려운 순간을 뒤로 미룬다면, 부모는 장기적으로 볼 때 자기 자신이나 아이에게 좋은 일을 하는 것이 아니다. 아이는 너무 강해졌음을 재빨리 느낄 수 있으며, 부모로부터 자신이 얻고 싶은 만큼 얻을 수 있고 부모가 "안

돼."라고 말하는 것이 강력하지 않다는 것을 재빨리 알게 된다. 부모가 정한 한계선을 아이가 지키도록 격려해주는 방법을 찾을 수 있다면 아이에게 도움이 될 것이다. 이런 방식으로 부모는 아이가 변화와 상실을 다루는 방법을 경험을 통해 배우도록 도와줄 수 있다. 물론 아이를 지켜줄 만큼 강한 엄마가 후원해주어야 한다.

다른 한편, 어떤 엄마는 스스로 젖떼기로 인한 영향을 최소화시키는 방법을 찾는다. 아마도 상실에 대한 아이의 감정 또는 자신의 감정에 강력하게 대처하거나, 빠르게 그것을 이겨내거나, 젖떼기가 아이나 자신에게 의미하는 바가 무엇인지 깊이 생각하지 않는 것이 그 방법일 것이다. 그런 엄마는 이 방법으로 상황을 관리하는데, 이 방법이 다루기 더 쉬워 보이고, 아이도 역시 이 방법이 더 쉽다고 느낄 것이라고 추정하기 때문이다. 피상적으로 볼 때, 정말 그럴 듯하게 보인다. 그러나 이 방법은 아이가 자신을 더 잘 알 수 있는 중요한 기회를 놓치게 한다. 만약 아이가 이런 전환으로 인해 발생한 고통과 혼합된 감정을 자신에게 의미 있는 방식으로 협상하도록 도움을 받는다면, 아이는 다음에 직면할 상실이나 분리를 더 잘 이해하고 수습할 수 있게 될 것이다.

계속 진행하여 얻은 혜택

모유 수유를 끝내는 것이 좋은 결과를 낳을 수도 있다. 가족의 다른 구성원은 엄마와 아이 사이에 다른 사람이 끼어들 여지를 주지 않았던 배타성이 다소 줄어든다는 데에 안도할 수 있다. 즉, 아빠, 형제자매, 조부모 등이 엄마와 아이 사이에 잠시 끼어들 여지가 생길 수 있다. 엄마는 자신의 몸이 다시 자신의 것이 되었고, 인생의 다른 부분을 되찾을 수 있고, 관계가 다음 단계로 넘어가게 되어서 안심한다. 어떤 엄마는 이유를 한 뒤에 아이가 실제로 더 사랑스러워지는 것 같다고 말한다. 한 엄마는 아이가 1세가 되자 곧 젖을 뗐는데, 그 뒤로 곧 아이가 자발적으로 자기에게 뽀뽀를 해주었다고 말한다. 젖을 먹이는 동안에는 이런 적이 한 번도 없었다고 한다. 아마도 아이가 준비만 되어 있다면, 젖을 떼는 아이는 슬픔을 더 많이 느끼겠지만, 안도감과 자부심도 느끼게 될 것이다.

대부분의 엄마들은 젖을 완전히 뗀 뒤에도 몇 년 동안 젖을 먹던 아이에 대한 기억을 소중히 간직할 것이다. 엄마는 아이가 모유 수유에 대해 기억하는 것보다 훨씬 더 오랫동안 그것을 기억한다. 조 씨는 젖을 뗀 지 4년이 지났음에도 모유 수유에 대한 기억이 얼마나 강한지를 다음과 같이 설명한다.

나는 젖떼기를 한 뒤에 매우 슬펐다. 사실 아이보다 내가 더 속상했으며, 그것을 극복하는 데 상당한 시간이 걸렸다. 지금도 딸이 특별히 집중해서 나를 보면서 주스를 쭉 마시거나 어떤 식으로든 음식을 한 숟가락씩 퍼먹을 때, 나는 갑자기 딸에게서 젖을 빨던 갓난아이의 모습을 다시 보게 된다. 결코 다시 돌아오지 않을 그

갓난아이를 갑자기 다시 보게 되자 나는 목이 메었다. 그리고 그 갓난아이가 이렇게 아름다운 아이로 바뀌었고, 딸이 얼마나 많이 성장했는지를 보니 자랑스럽다.

부모가 영아 때의 모습을 기억하고 있으면서 자녀를 지금의 모습과 과거의 모습 둘 다를 본다는 것은 아이에게 중요한 일이다. 부모가 자신을 충분히 알고 마음속에 간직하는 것은 아이가 영아에서부터 시작하여 많이 변해왔음에도 불구하고 여전히 통합되고, 안전하고, 이해받고 있는 존재라고 느끼도록 도와주는 경험이기 때문이다. 아이의 마음 한 구석에(무의식 수준일 수도 있다) 영아 시절에 무기력했던 기억을 항상 가지고 있는 것처럼, 아이는 갓난아이 시절에 대한 좋은 기억(예 : 포근함, 꼭 안기었던 일, 젖 먹던 일)도 가지고 있을 것이다. 힘든 젖떼기를 하는 동안에 부모는 아이의 마음속에 적어도 절반은 좋은 기억으로 남아 있을 것이고, 아이는 사랑받고 양육받는 것의 의미를 확실히 알게 될 것이며, 인생에서 접하게 되는 도전을 아이가 극복하도록 도와줄 수 있다고 생각하면 마음이 편할 것이다.

복직하는 것과 젖을 떼는 각 단계에서 부모는 자신이 아이에게 부과하고 있는 고통을 아이가 견딜 수 없을 것이라고 두려워하는 경향이 있다. 그러나 가장 비참한 아이 또는 가장 화가 난 아이조차도 아침에 일어나 인사하면서 살인적인 미소를 줄 수 있는 것처럼, 상실과 분리가 잘 타협되는 상황에서는 아이가 오히려 자부심과 의기양양함을 느낄 수 있다. 엄마와 아이 양측 모두 잘 견뎌내어 뭔가를 달성했다. 즉, 사랑은 여전히 남아 있고, 분노, 공황, 슬픔도 살아남아 있다. 아마도 부모와 아이는 우리가 생각했던 것보다 더 강한 것 같다.

결론

아이가 태어난 지 1년이 될 무렵에 부모가 안고 있는 아이는 더 이상 작고, 따뜻하고, 부드러운 아이가 아니다. 이전에는 아이가 부모의 몸의 일부처럼 다루어졌고, 부모의 품에 안기어 잠들었고, 부드럽고 믿는다는 듯이 자신의 몸을 부모에게 찰싹 기대었지만, 이제는 그렇지 않다. 초기 단계에서 그렇게 밀착되어 있으면 더 복잡하고 깊은 관계를 형성하도록 해준다. 부모는 이제 억누를 수 없이 사랑스럽고, 주장이 강하고, 고집스럽고, 격노하는 어린 사람을 만나게 된다. 부모는 저항할 수 없는 사랑을 느끼지만, 아이는 이전과 달리 우리의 소유물이 아니며, 유아가 되기 위한 만반의 준비를 마친 어린 사람으로 우리에게 다가온다.

그러나 한 살배기는 영아로부터 백만 킬로미터나 멀리 떨어진 것처럼 보일 수 있지만, 폭탄 맞은 듯한 무기력, 공황 상태, 또는 지극한 만족과 같이 원초적인 유아기 감정은 완전히 사라지지 않는다. 이런 감정들은 초기 아동기에 가끔 다시 분출되며, 단지 유아기를 벗어날수록 점점 더 약해질 뿐이다. 성인이 될 때까지도 아이는 그와 같은 원초적인 감정을 아주 가끔씩 다시 느낄 것이며, 아마도 자기 자신의 아이를 가지게 되면 더 이상 그런 감정을 느끼지는 않을 것이다.

참고 도서

Daws, D. (1989) *Through the Night: Helping Parents and Sleepless Infants*. London: Free Association Books.

Harris, M. (1975) *Thinking about Infants and Young Children*. Strath Tay, Perthshire: Clunie Press.

Phillips, A. (1999) *Saying "No": Why It's Important for You and Your Child*. London: Faber and Faber.

Winnicott, D.W. (1964) *The Child, the Family and the Outside World*. London: Penguin.

찾아보기

ㄱ

감각 기관 61

감각의 폭격 26'

강점 99

고무 젖꼭지 46

고통 42, 43, 46

고형식 71

공황감정 101

공황 상태 44, 46, 83, 129

공황 상태 45

극단성 33

까꿍 놀이 74

ㄴ

내적 자신감 102

내적 자원 104

놀이 65, 94, 95, 98

누구 21

ㄷ

대화 65

동일시 107

두려움 28

ㅁ

마음 상태 47

ㅁ (모유 수유)

모유 수유 29, 30, 31, 68, 69, 123

목욕 47

무의식적 감정 12

ㅂ

배밀이 107

배앓이 56

배타성 74

배타적 관계 121

보육기관 119, 120, 122

보호의식 55

복직 111, 112, 118, 123

복통 56

부모 노릇 16

분리 46, 75, 79, 81, 82, 112, 116, 119, 121, 123, 125

분리 고통 114

분만 18, 19, 21, 36

분유 30

불안 56, 58, 85

빨기 충동 92

ㅅ

사랑 55, 56

산통 19

산후 우울증 23, 57

산후 조리 36
상실 111, 125
상실감 57
상실과 분리 127
상호작용 95
새로운 분리 78
성격 26
세계관, 원시적인 84
소외되는 것 93
수유 29, 65, 66, 67, 68
수유관계 31
실제 경험 66

ㅇ

아이 양육 39
안전지대 104
애착 14, 15, 121
양가감정 120
양육 능력 47
연계성 122
영아 15
영아의 생존 36
영양 섭취 71
옹알이 95
요구 40, 42, 52, 58
욕구 39, 41
우울 58
원시성 33
원시 신경 101

유대감 23, 24, 25, 34, 49
유산 15
의사소통 28
의존 50, 51
의존성 50
이유 126
이유식 71, 72, 73, 74, 76
이유(젖떼기) 123
인간성 34
일부 통제권 40
임신 14, 15, 16
임신 중 17

ㅈ

자궁 속의 삶 17
자긍심 55
자기감 46
자신에게 89
자아존중감 29
자연분만 14
자제력 53
전환기 119
접촉 14
정서적 상태 28
정서적 요구 50
젖꼭지 46
젖떼기 110, 125, 127
제왕절개 20
조산 26

조산사 36

좌절 54, 70

죄책감 43, 111, 112, 115, 118, 119,
  121

지각 능력 89

지침서 41

진통 25

☀ ㅊ

책임감 43

첫 자녀 15

첫 치아 92

출산 14, 18

출산 계획 19, 29

취약성 99

친밀감 31

☀ ㅌ

탄력성 50

탐험가 88

태아 16

통제된 울음 78, 79, 80

통제력 28

통제 불능 21

☀ ㅍ

편안함 42

☀ ㅎ

한계 103

한계선 125

호기심 94

회복 25

힘 100, 101, 102, 103, 108